Blanckenburg/Austermann
Übungsbuch Mathematik in der BWL

Prof. Dr. Korbinian von Blanckenburg studierte nach dem Abitur am Hainberg-Gymnasium Göttingen Volkswirtschaftslehre an der Universität Regensburg, der Universität Karlstad in Schweden und der Westfälischen Wilhelms-Universität Münster. Anschließend entwickelte er in seiner Doktorarbeit Testverfahren zur Beurteilung der Funktionsfähigkeit von Märkten. Nach Stationen beim Deutschen Institut für Wirtschaftsforschung (DIW) und der WINGAS GmbH wurde er im Oktober 2013 zum Professor für das Lehrgebiet Volkswirtschaftslehre und Wirtschaftsmathematik an der Technischen Hochschule Ostwestfalen-Lippe in Lemgo ernannt. 2015 erhielt er den Lehrpreis für exzellente Lehre. Maßgeblich hierfür waren seine interaktiven Vorlesungen der Wirtschaftsmathematik. 2016 habilitierte er sich an der Universität Kassel und betreut aktuell mehrere Doktoranden im Bereich der Industrieökonomik. 2018 erhielt er für seine Habilitation den Roman Herzog Forschungspreis Soziale Marktwirtschaft und wurde zum Gründungsdekan des Fachbereichs Wirtschaftswissenschaften der Technischen Hochschule Ostwestfalen-Lippe gewählt.

Christine Austermann studierte nach dem Abitur am Engelbert-Kämpfer-Gymnasium in Lemgo Betriebswirtschaftslehre an der Georg-August-Universität in Göttingen. Anschließend studierte sie Management mit den Schwerpunkten Strategie und Finanzen an der Georg-August-Universität Göttingen und der l'Università degli Studi di Siena in Italien mit Stationen bei der Gbr. Brasseler GmbH & Co. KG, der Continental AG und der Bertelsmann SE & Co. KGaA. Derzeit promoviert sie an der Universität Kassel zu entscheidungs- und spieltheoretischen Aspekten ökonomischer Entscheidungen unter Unsicherheit und ist als wissenschaftliche Mitarbeiterin bei Herrn Prof. Dr. Korbinian von Blanckenburg an der Technischen Hochschule Ostwestfalen-Lippe tätig.

Social Media:
https://www.youtube.com/wirliebenmathe
https://www.instagram.com/k0rbinian

Übungsbuch Mathematik in der BWL

von

Prof. Dr. Korbinian von Blanckenburg
Christine Austermann

2. Auflage

Verlag Franz Vahlen München

vahlen.de

ISBN Print: 978 3 8006 7443 5
ISBN E-Book (ePDF): 978 3 8006 7444 2

Wilhelmstr. 9, 80801 München
Druck und Bindung: Beltz Grafische Betriebe GmbH
Am Fliegerhorst 8, 99947 Bad Langensalza

Satz: Fotosatz Buck
Zweikirchener Str. 7, 84036 Kumhausen
Produktion: Sieveking Agentur, München
Umschlag: Ralph Zimmermann – Bureau Parapluie
Bildnachweis: © cienpies – istockphoto.com

vahlen.de/nachhaltig

Gedruckt auf säurefreiem, alterungsbeständigem Papier
(hergestellt aus chlorfrei gebleichtem Zellstoff)

Vorwort

Dieses Übungsbuch stellt eine aktualisierte Aufgabensammlung mit Lösungen für das Lehrbuch „Mathematik in der BWL: Anwendungsorientiert und verständlich“ dar. Es enthält diverse Aufgaben inklusive Lösungen zu den Themen: Folgen und Reihen, Funktionen, Differentialrechnung, Integralrechnung, Lineare Gleichungssysteme und lineare Programmierung. Obwohl zu Beginn eines jeden Kapitels noch einmal Formeln aufgelistet werden, die hilfreich für die Bearbeitung der Aufgaben sind, wird in diesem Übungsbuch auf umfangreiche Erklärungen und Erläuterungen verzichtet (diese finden sich im Lehrbuch). Vielmehr wird dem Wunsch der Studierenden nach möglichst vielen Übungsaufgaben zu den relevanten Themen nachgekommen. Meiner Erfahrung nach ist vor allem das Üben maßgeblich für den Lernerfolg, d. h. sich selbstständig mit Fragestellungen zu beschäftigen und diese zu lösen. Auf eine Vorlesungseinheit (90 Min.) gerechnet, empfehle ich mindestens vier Einheiten Übung (360 Min.). Die Übungseinheiten können dabei im Rahmen von Tutorien, in Lerngruppen und/oder im Selbststudium durchgeführt werden. Die Aufgaben in diesem Übungsbuch sind in unterschiedliche Niveaus eingeteilt: Aufgabenniveau 1 (einfach), Aufgabenniveau 2 (mittel), Aufgabenniveau 3 (schwer). Entsprechend der prognostizierten Bearbeitungszeit sind zudem bei allen Aufgaben die jeweils erreichbaren Punkte hinterlegt (1 Punkt = 1 Minute Bearbeitungszeit). Damit wird dem Anwender nicht nur eine umfangreiche Aufgabensammlung zur Verfügung gestellt, sondern gleichzeitig eine Orientierung geboten, wie hoch das Anforderungsniveau der Wirtschaftsmathematik in einem Bachelorstudium der BWL ist und welche dafür vorgesehenen Bearbeitungszeit diesem Niveau entspricht, beispielsweise im Hinblick auf eine Klausur. Das Ende bildet eine Musterklausur mit Lösungen. Diese Klausur ist auf 90 Minuten Bearbeitungszeit ausgelegt.

Detmold, im März 2024 *Korbinian von Blanckenburg*

Zu diesem Übungsbuch gibt es auch ein kompaktes Lehrbuch, das die Grundlagen der Mathematik anwendungsorientiert und verständlich darstellt.

Blanckenburg, Mathematik in der BWL, 3. Auflage
ISBN 978-3-8006-6577-8, 152 S., 16,90 €

Inhaltsverzeichnis

1 Folgen und Reihen

Für die Bearbeitung hilfreiche Formeln 1

Bildungsvorschrift arithmetische Folge:

$a_n^{ari} = a_0 + n \cdot d$

Summe einer arithmetischen Folge:

$\sum_n^{ari} = \frac{N+1}{2} \cdot (a_0 + a_N)$

Arithmetisches Mittel:

$\frac{1}{N+1} \sum_{i=0}^{N} a_i = \frac{a_0 + a_1 + \ldots + a_N}{N+1}.$

Bildungsvorschrift geometrische Folge:

$a_n = a_0 \cdot q^n$

Summe einer geometrischen Folge:

$\sum_n^{geo} = a_0 \cdot \frac{q^{N+1} - 1}{q - 1}$

Geometrisches Mittel:

$\bar{q} = \sqrt[n]{\frac{a_N}{a_0}} = \sqrt[n]{q_1 \cdot q_2 \cdot q_3 \cdot q_4 \cdot \ldots \cdot q_n} = (q_1 \cdot q_2 \cdot q_3 \cdot q_4 \cdot \ldots \cdot q_n)^{\frac{1}{n}}$

Rentenbarwertfaktor:

$RBF = \frac{q^n - 1}{q^n \cdot i}$

Barwert einer Rente:

$r_0 = RBF \cdot Rente$

Zinsen von Kapital:

$Z_n = K_{n-1} \cdot i$

Kapital linear verzinst:

$K_n^{lin} = K_0 (1 + i \cdot n)$

Kapital exponential verzinst:

$K_n^{exp} = K_0(1+i)^n = K_0 \cdot q^n$

Barwert:

$K_0 = \frac{K_n}{(1+i)^n}$

Effektiver Zinssatz:

$i_{eff} = (1+\frac{i}{n})^n - 1$

Für Ihre Notizen:

Aufgabenniveau 1

Für die richtige Bearbeitung der folgenden Aufgaben sind je vier Punkte vorgesehen. Ein Punkt beschreibt eine Bearbeitungsdauer von einer Minute.

1) Was ist das Ergebnis, wenn Sie die Zahlen von 133 bis 227 addieren?

2) Was ist das Ergebnis, wenn Sie die Zahlen von 27 bis 259 addieren?

3) Der Wert einer Anleihe beträgt heute 34543 €. Nach Einschätzung von Experten steigt der Wert der Anleihe in den nächsten Jahren um jährlich 7,2 %. In wie vielen Jahren* hätte die Anleihe ihren Wert mindestens verdoppelt?

   *Hinweis: Geben Sie das Jahr mit zwei Nachkommastellen an.

4) Der Wert einer Anleihe beträgt heute 19655 €. Nach Einschätzung von Experten steigt der Wert der Anleihe in den nächsten Jahren um jährlich 2,2 %. In wie vielen Jahren* hätte die Anleihe ihren Wert mindestens verdoppelt?

   *Hinweis: Geben Sie das Jahr mit zwei Nachkommastellen an.

5) Nehmen Sie an, dass Sie schon 6 Jahre lang in IT-Aktien investieren und die Jahresrendite seitdem stark schwankte: –4 %; 1,8 %; 3 %; –2,4 %; 2 %; 12 %.

   Wie lautet der arithmetische Durchschnitt dieser Veränderungen (in Prozent)?

6) Nehmen Sie an, dass Sie schon 6 Jahre lang in IT-Aktien investieren und die Jahresrendite seitdem stark schwankte: –4 %; 3,6 %; 4 %; –1,2 %; 9 %; 10 %.

   Wie lautet der arithmetische Durchschnitt dieser Veränderungen (in Prozent)?

7) Wenn Sie 38 € über 24 Monate zu 2,8 % monatlicher Verzinsung anlegen, was erhalten Sie am Ende?

   Hinweis: Zinseszins beachten.

8) Wenn Sie 29 € über 11 Monate zu 2,5 % monatlicher Verzinsung anlegen, was erhalten Sie am Ende?

   Hinweis: Zinseszins beachten.

9) Sie legen 10 Reiskörner auf das erste Feld eines Schachbretts (64 Felder) und auf jedes folgende Schachfeld immer jeweils 10 Reiskörner zusätzlich. Wie viele Reiskörner liegen dann insgesamt auf dem Schachfeld?

10) Sie legen 5 Reiskörner auf das erste Feld eines Schachbretts (64 Felder) und auf jedes folgende Schachfeld immer jeweils

5 Reiskörner zusätzlich. Wie viele Reiskörner liegen dann insgesamt auf dem Schachfeld?

11) Gegeben ist die folgende Berechnungsvorschrift: $S = \sum_{n=1}^{5} 2{,}8 \cdot 9^n$. Wie groß ist S?

12) Gegeben ist die folgende Berechnungsvorschrift: $S = \sum_{n=1}^{5} 3{,}5 \cdot 9^n$. Wie groß ist S?

13) Was ist das Ergebnis, wenn Sie die Zahlen von 20 bis 243 addieren?

14) Was ist das Ergebnis, wenn Sie die Zahlen von 34 bis 120 addieren?

15) Nehmen Sie an, dass sich ihr Aktienportfolio wie folgt entwickelt hat: 2010: –5,7 %, 2011: –2 %, 2012: 5 %, 2013: 2 %, 2014: 1,2 %. Wie lautet der geometrische Durchschnitt (in Prozent)?

16) Nehmen Sie an, dass sich ihr Aktienportfolio wie folgt entwickelt hat: 2010: –5,8 %, 2011: –5 %, 2012: 3 %, 2013: 5 %, 2014: 1,8 %. Wie lautet der geometrische Durchschnitt (in Prozent)?

Aufgabenniveau 2

Für die richtige Bearbeitung der folgenden Aufgaben sind je sechs Punkte vorgesehen. Ein Punkt beschreibt eine Bearbeitungsdauer von einer Minute.

1) Nehmen Sie an, dass Sie schon 6 Jahre lang in Biotechnologie-Aktien investieren und die Jahresrendite seitdem stark schwankte: 2,8 %; –3 %; 3,9 %; –5 %; 2 %; –1 %.

   Wie groß ist der geometrische Durchschnitt dieser Veränderungen (in Prozent)?

2) Nehmen Sie an, dass Sie schon 6 Jahre lang in Biotechnologie-Aktien investieren und die Jahresrendite seitdem stark schwankte: 2,6 %; –2 %; 3,6 %; –4,6 %; 2 %; –1,4 %.

   Wie groß ist der geometrische Durchschnitt dieser Veränderungen (in Prozent)?

3) Wie groß ist der Barwert einer Auszahlungsreihe, bei der Sie in einem Jahr 2741 €, in zwei Jahren 4436 € und in drei Jahren 14938 € erhalten, wenn der Zinssatz einer alternativen Geldanlage 4,8 % (pro Jahr) beträgt?

4) Wie groß ist der Barwert einer Auszahlungsreihe, bei der Sie in einem Jahr 2898 €, in zwei Jahren 3887 € und in drei Jahren 14033 € erhalten, wenn der Zinssatz einer alternativen Geldanlage 6 % (pro Jahr) beträgt?

5) Nehmen Sie an, dass Sie schon 6 Jahre lang in IT-Aktien investieren und die Jahresrendite seitdem stark schwankte: –2,9 %; 4,6 %; 7,7 %; –5,8 %; 8,6 %; 12 %.

   Wie lautet der geometrische Durchschnitt (in Prozent)?

6) Nehmen Sie an, dass Sie schon 6 Jahre lang in IT-Aktien investieren und die Jahresrendite seitdem stark schwankte: : –2,7 %; 3,1 %; 6,6 %; –5,6 %; 9,6 %; 12,4 %.

   Wie lautet der geometrische Durchschnitt (in Prozent)?

7) Der Wert eines Aktienpakets beträgt heute 38323 €. Nach Einschätzung von Experten kann für dieses Aktienpaket eine jährliche Rendite von 6,6 % erwartet werden. Nach wie vielen Jahren* wäre das Aktienpaket unter dieser Einschätzung erstmalig 93037 € wert?

   *Hinweis: Geben Sie das Jahr mit zwei Nachkommastellen an!

8) Der Wert eines Aktienpakets beträgt heute 48041 €. Nach Einschätzung von Experten kann für dieses Aktienpaket eine jährliche Rendite von 6,1 % erwartet werden. Nach wie vielen Jahren* wäre das Aktienpaket unter dieser Einschätzung erstmalig 72317 € wert?

   *Hinweis: Geben Sie das Jahr mit zwei Nachkommastellen an!

9) Nehmen Sie an, dass Sie vor 6 Jahren in Gold investiert haben und der Goldwert seitdem schwankte: 2013: –6 %, 2014: –2,3 %, 2015: 2,9 %; 2016: 7,2 %, 2017: 12 %, 2018: 3,2 %. Wie lautet der geometrische Durchschnitt (in Prozent)?

10) Nehmen Sie an, dass Sie vor 6 Jahren in Gold investiert haben und der Goldwert seitdem schwankte: 2013: –6,2 %, 2014: –2 %, 2015: 2,8 %; 2016: 7,2 %, 2017: 10,4 %, 2018: 3 %. Wie lautet der geometrische Durchschnitt (in Prozent)?

11) Wie groß ist der Barwert einer Auszahlungsreihe, bei der Sie in einem Jahr 1033 €, in zwei Jahren 3821 €, in drei Jahren 4437 € und in vier Jahren 8692 € erhalten, wenn der Zinssatz einer alternativen Geldanlage 3,7 % (pro Jahr) beträgt?

12) Wie groß ist der Barwert einer Auszahlungsreihe, bei der Sie in einem Jahr 1415 €, in zwei Jahren 3634 €, in drei Jahren 6887 € und in vier Jahren 8183 € erhalten, wenn der Zinssatz einer alternativen Geldanlage 2,9 % (pro Jahr) beträgt?

13) Ein Unternehmen denkt über die Anschaffung einer neuen Produktanlage nach. Diese kostet 3112593 € und kann zu 2,6 % jährlich geometrisch abgeschrieben werden.

    Nach wie vielen Jahren* ist die Maschine erstmalig mindestens zur Hälfte abgeschrieben?

    *Hinweis: Geben Sie das Jahr mit zwei Nachkommastellen an!

14) Ein Unternehmen denkt über die Anschaffung einer neuen Produktanlage nach. Diese kostet 2420341 € und kann zu 6,5 % jährlich geometrisch abgeschrieben werden.

Nach wie vielen Jahren* ist die Maschine erstmalig mindestens zur Hälfte abgeschrieben?

*Hinweis: Geben Sie das Jahr mit zwei Nachkommastellen an!

15) Der Wert eines Aktienpakets beträgt heute 26263 €. Nach Einschätzung von Experten kann für dieses Aktienpaket eine jährliche Rendite von 4,4 % erwartet werden. Nach wie vielen Jahren* wäre das Aktienpaket unter dieser Einschätzung erstmalig 83666 € wert?

*Hinweis: Geben Sie das Jahr mit zwei Nachkommastellen an!

16) Der Wert eines Aktienpakets beträgt heute 37016 €. Nach Einschätzung von Experten kann für dieses Aktienpaket eine jährliche Rendite von 2,7 % erwartet werden. Nach wie vielen Jahren* wäre das Aktienpaket unter dieser Einschätzung erstmalig 93825 € wert?

*Hinweis: Geben Sie das Jahr mit zwei Nachkommastellen an!

17) Wie groß ist der Barwert einer Auszahlungsreihe, bei der Sie in einem Jahr 4540 €, in zwei Jahren 8613 € und in drei Jahren 11893 € erhalten, wenn der Zinssatz einer alternativen Geldanlage 2,4 % pro Jahr beträgt?

18) Wie groß ist der Barwert einer Auszahlungsreihe, bei der Sie in einem Jahr 4697 €, in zwei Jahren 7845 € und in drei Jahren 11950 € erhalten, wenn der Zinssatz einer alternativen Geldanlage 4,3 % pro Jahr beträgt?

Aufgabenniveau 3

Für die richtige Bearbeitung der folgenden Aufgaben sind je acht Punkte vorgesehen. Ein Punkt beschreibt eine Bearbeitungsdauer von einer Minute.

1) Auf einem Sparbuch mit linearer Jahresverzinsung von $i = 2{,}3\,\%$ sei am 01.01. ein Guthaben von 2616 € vorhanden. Es werden dann 844 € am 15.01. eingezahlt und schließlich 488 € am 11.06. abgehoben. Auf welchen Betrag belaufen sich die angefallenen Zinsen nach einem Jahr?

Hinweis: Nehmen Sie an, dass jeder Kalendermonat 30 Tage hat.

2) Auf einem Sparbuch mit linearer Jahresverzinsung von $i = 5{,}5\,\%$ sei am 01.01. ein Guthaben von 1363 € vorhanden. Es werden dann 698 € am 15.01. eingezahlt und schließlich 408 € am 11.06.

abgehoben. Auf welchen Betrag belaufen sich die angefallenen Zinsen nach einem Jahr?

Hinweis: Nehmen Sie an, dass jeder Kalendermonat 30 Tage hat.

3) Auf einem Sparbuch mit linearer Jahresverzinsung von $i = 1{,}9\,\%$ sei am 01.01. ein Guthaben von 2998 € vorhanden. Es werden dann 646 € am 15.01. eingezahlt und schließlich 622 € am 11.06. abgehoben. Auf welchen Betrag belaufen sich die angefallenen Zinsen nach einem Jahr?

   Hinweis: Nehmen Sie an, dass jeder Kalendermonat 30 Tage hat.

4) Auf einem Sparbuch mit linearer Jahresverzinsung von $i = 2{,}8\,\%$ sei am 01.01. ein Guthaben von 4163 € vorhanden. Es werden dann 1350 € am 02.02. abgehoben und schließlich 12190 € am 17.11. eingezahlt. Auf welchen Betrag belaufen sich die angefallenen Zinsen nach einem Jahr?

   Hinweis: Nehmen Sie an, dass jeder Kalendermonat 30 Tage hat.

5) Auf einem Sparbuch mit linearer Jahresverzinsung von $i = 5{,}5\,\%$ sei am 01.01. ein Guthaben von 4185 € vorhanden. Es werden dann 1941 € am 02.02. abgehoben und schließlich 13319 € am 17.11. eingezahlt. Auf welchen Betrag belaufen sich die angefallenen Zinsen nach einem Jahr?

   Hinweis: Nehmen Sie an, dass jeder Kalendermonat 30 Tage hat.

6) Auf einem Sparbuch mit linearer Jahresverzinsung von $i = 4{,}9\,\%$ sei am 01.01. ein Guthaben von 3125 € vorhanden. Es werden dann 2115 € am 02.02. abgehoben und schließlich 11209 € am 17.11. eingezahlt. Auf welchen Betrag belaufen sich die angefallenen Zinsen nach einem Jahr?

   Hinweis: Nehmen Sie an, dass jeder Kalendermonat 30 Tage hat.

2 Funktionen

Für die Bearbeitung hilfreiche Formeln 2

Steigung einer linearen Funktion:
$m = \frac{y_2 - y_1}{x_2 - x_1}$

y-Achsenabschnitt einer linearen Funktion:
$b = y_1 - \frac{y_2 - y_1}{x_2 - x_1} \cdot x_1$

Nullstelle einer linearen Funktion:
$f(x) = 0 \Leftrightarrow m \cdot x_0 + b = 0 \quad \Leftrightarrow x_0 = \frac{-b}{m}$

Nullstellen einer quadratischen Funktion (*pq-Formel*): Bei $x^2 + p \cdot x + q = 0$ sind
$x_1 = -\frac{p}{2} + \sqrt{(\frac{p}{2})^2 - q}$ und $x_2 = -\frac{p}{2} - \sqrt{(\frac{p}{2})^2 - q}$ die Nullstellen der Funktion.

Es gibt genau eine Nullstelle, wenn $(\frac{p}{2})^2 - q = 0$

Es gibt keine Nullstellen, wenn $(\frac{p}{2})^2 - q < 0$

Es gibt zwei Nullstellen, wenn $(\frac{p}{2})^2 - q > 0$

Rechengesetze für Wurzeln: Für positive Zahlen a, b und n, m, k $\in \mathbb{N}$ gelten die folgenden Rechengesetze:

- Produktregel: $\sqrt[n]{a} \cdot \sqrt[n]{b} = \sqrt[n]{a \cdot b}$
- Quotientenregel: $\frac{\sqrt[n]{a}}{\sqrt[n]{b}} = \sqrt[n]{\frac{a}{b}}$
- „Verschachtelungsregel“ oder Iterationsregel: $\sqrt[k]{\sqrt[n]{a}} = \sqrt[k \cdot n]{a}$
- Definition für gebrochene Exponenten: $a^{-\frac{m}{n}} = \frac{1}{a^{\frac{m}{n}}}$
- Bei gleichem Radikand gilt: $\sqrt[n]{a} \cdot \sqrt[m]{a} = a^{\frac{1}{n} + \frac{1}{m}} = \sqrt[n \cdot m]{a^{n+m}}$

Für Ihre Notizen:

Aufgabenniveau 1

Für die richtige Bearbeitung der folgenden Aufgaben sind je zwei Punkte vorgesehen. Ein Punkt beschreibt eine Bearbeitungsdauer von einer Minute.

Bestimmen Sie ...

1) ... die Gleichung der Geraden, die durch die Punkte (1;2) und (7;–4) verläuft.
2) ... die Gleichung der Geraden, die durch den Punkt (3;9) verläuft und die Steigung 0,25 hat.
3) ... die Steigung der Geraden, die durch die Punkte (g;–g) und (2g;5g) mit der Konstanten $g \neq 0$ verläuft.

Aufgabenniveau 2

Für die richtige Bearbeitung der folgenden Aufgaben sind je zwei Punkte vorgesehen. Ein Punkt beschreibt eine Bearbeitungsdauer von einer Minute.

Gegeben seien die folgenden Funktionen:

1) $e(x) = x^2 - 5x + 123$
2) $f(x) = x^3 + 2x^2 + 0{,}5x$
3) $g(x) = 2x^2 - x^1 - 1$
4) $h(x) = \frac{1}{2}x^2$

Berechnen Sie jeweils die Nullstellen.

Aufgabenniveau 3

Für die richtige Bearbeitung der folgenden Aufgaben sind je acht Punkte vorgesehen. Ein Punkt beschreibt eine Bearbeitungsdauer von einer Minute.

1) Geben Sie für den folgenden Graphen $y = f(x)$ mit dem Definitionsbereich $\mathbb{D} = [-2;2]$ den dazugehörigen Funktionsterm sowie den Wertebereich an.

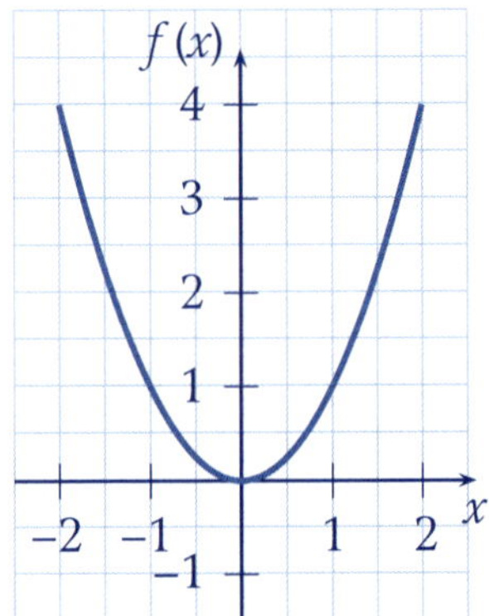

2) Geben Sie für den folgenden Graphen $y = f(x)$ mit dem Definitionsbereich $\mathbb{D} = [-2;2]$ den dazugehörigen Funktionsterm sowie den Wertebereich an.

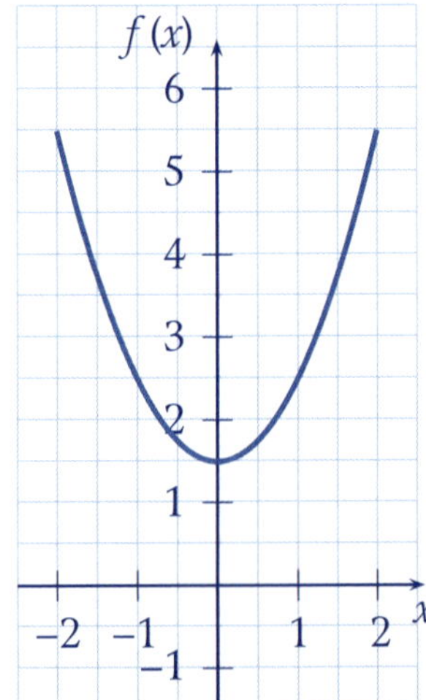

3) Geben Sie für den folgenden Graphen $y = f(x)$ mit dem Wertebereich $\mathbb{W} = [0;4]$ den dazugehörigen Funktionsterm sowie den Definitionsbereich an.

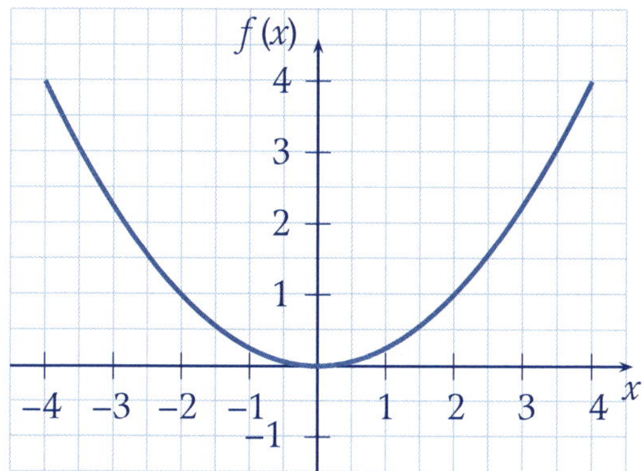

4) Geben Sie für den folgenden Graphen $y = f(x)$ mit dem Definitionsbereich $\mathbb{D} = [-0,5;2,5]$ den dazugehörigen Funktionsterm sowie den Wertebereich an.

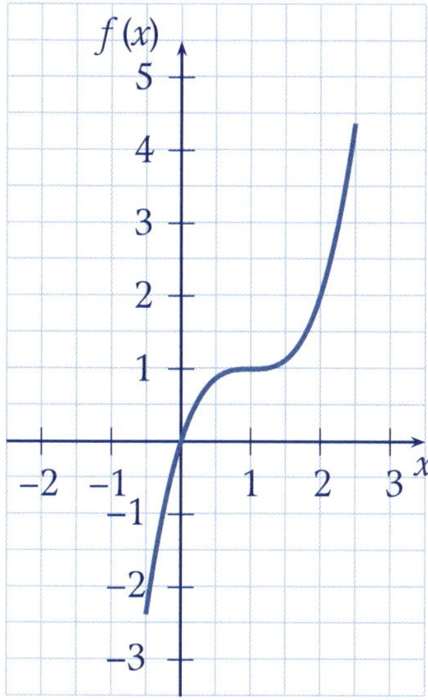

5) Geben Sie für den folgenden Graphen $y = f(x)$ mit dem Definitionsbereich $\mathbb{D} = [-1{,}5;1]$ den dazugehörigen Funktionsterm, den Wertebereich sowie die Nullstelle(n) an.

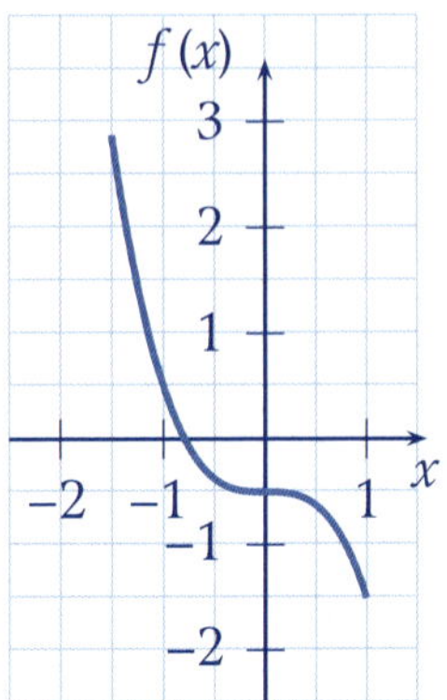

6) Geben Sie für den folgenden Graphen $y = f(x)$ mit dem Definitionsbereich $\mathbb{D} = [-4{,}5;-1]$ den dazugehörigen Funktionsterm sowie den Wertebereich an.

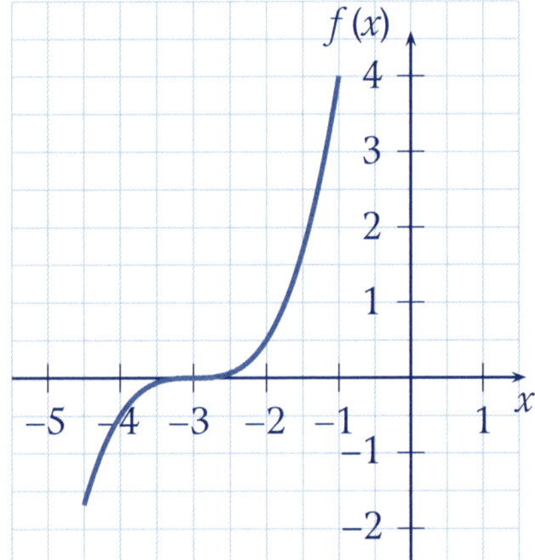

7) Geben Sie für den folgenden Graphen $y = f(x)$ mit dem Definitionsbereich $\mathbb{D} = [-3;3]$ den dazugehörigen Funktionsterm sowie den Wertebereich an.

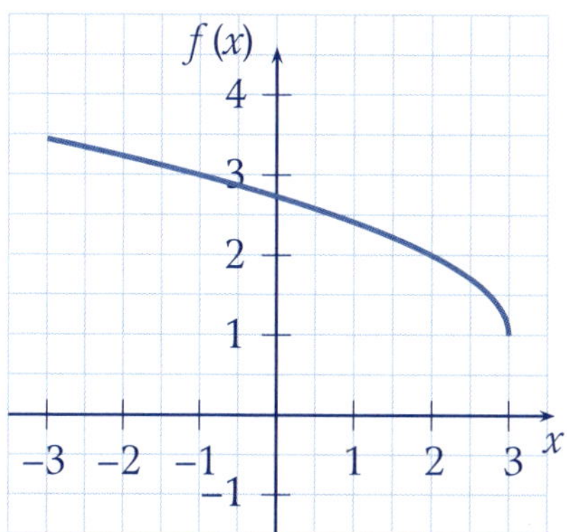

8) Geben Sie für den folgenden Graphen $y = f(x)$ mit dem Wertebereich $\mathbb{W} = [-2; \sqrt[3]{10} - 2]$ den dazugehörigen Funktionsterm, den Definitionsbereich sowie die Nullstelle(n) an.

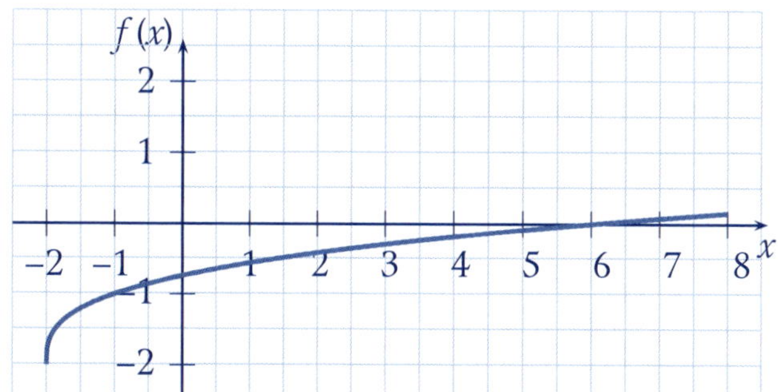

9) Geben Sie für den folgenden Graphen $y = f(x)$ mit dem Definitionsbereich $\mathbb{D} = [-5;0]$ den dazugehörigen Funktionsterm sowie den Wertebereich an.

Hinweis: $\lim\limits_{x \to -\infty} f(x) = -1$

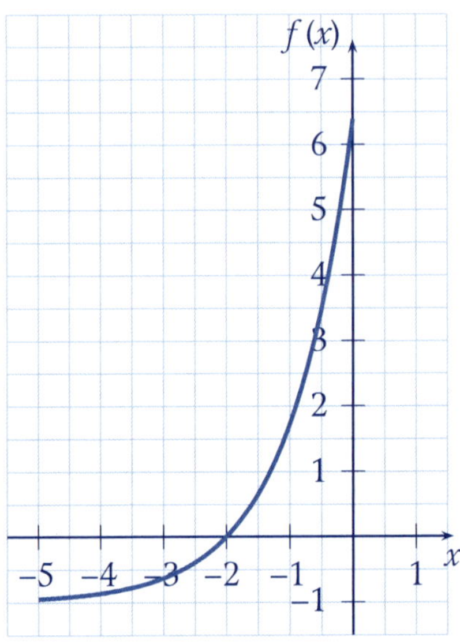

10) Geben Sie für den folgenden Graphen $y = f(x)$ mit dem Definitionsbereich $\mathbb{D} = [-0{,}5;5]$ den dazugehörigen Funktionsterm sowie den Wertebereich an.

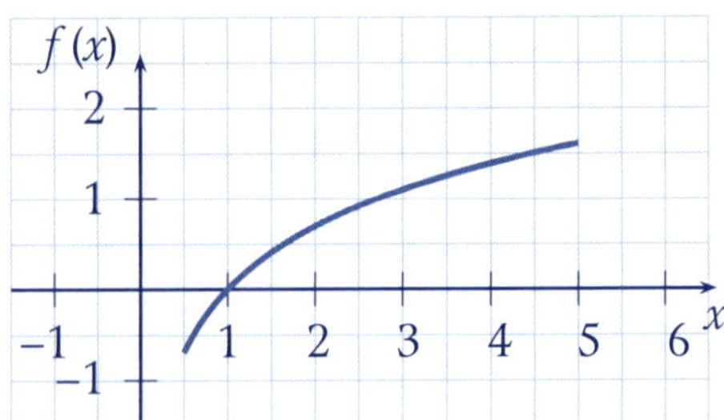

3 Differentialrechnung

Für die Bearbeitung hilfreiche Formeln 3

Ableitung von $f(x) = x^a$ $a \in \mathbb{R}$:

$f'(x) = a \cdot x^{a-1}$

Ableitung von $f(x) = a^x$ für $a > 0$:

$f'(x) = a^x \cdot ln(a)$

Ableitung von $f(x) = ln(x)$ mit $x > 0$:

$f'(x) = \frac{1}{x}$

Ableitung von $\sqrt[n]{x} = x^{\frac{1}{n}}$:

$\frac{1}{n} x^{\frac{1}{n}-1}$

Konstantenregel:

$[c \cdot f(x)]' = c \cdot f'(x)$

Summenregel:

$[f(x) + g(x)]' = f'(x) + g'(x)$

Kettenregel:

$[f(g(x))]' = f'[g(x)] \cdot g'(x)$

Produktregel:

$[f(x) \cdot g(x)]' = f'(x) \cdot g(x) + f(x) \cdot g'(x)$

Quotientenregel:

$[\frac{f(x)}{g(x)}]' = \frac{f'(x) \cdot g(x) - f(x) \cdot g'(x)}{(g(x))^2}$

Kettenregel Logarithmus:

$[ln(g(x))]' = \frac{1}{g(x)} \cdot g'(x)$

Kettenregel *e*-Funktion:

$[e^{g(x)}]' = e^{g(x)} \cdot g'(x)$

Lagrangefunktion:

$L(x_1; x_2; ...; x_n; \lambda) = f(x_1; x_2; ...; x_n) + \lambda(g(x_1; x_2; ...; x_n) - d)$

Für Ihre Notizen:

Aufgabenniveau 1

Für die richtige Bearbeitung der folgenden Aufgaben sind je zwei Punkte vorgesehen. Ein Punkt beschreibt eine Bearbeitungsdauer von einer Minute.

Bilden Sie die Ableitung von ...

1) ... $f(x)=7x^3$ und berechnen Sie dann $f'(5,2)$
2) ... $f(x)=7x^3$ und berechnen Sie dann $f'(4,8)$
3) ... $f(x)=6x^{-1}$ und berechnen Sie dann $f'(1,7)$
4) ... $f(x)=12x^{-1}$ und berechnen Sie dann $f'(3,7)$
5) ... $f(x)=-8x^{-2}$ und berechnen Sie dann $f'(2,6)$
6) ... $f(x)=-7x^{-2}$ und berechnen Sie dann $f'(2,8)$
7) ... $f(x)=\sqrt{x}$ und berechnen Sie dann $f'(15,9)$
8) ... $f(x)=\sqrt{x}$ und berechnen Sie dann $f'(16,1)$
9) ... $f(x)=\sqrt{\sqrt{x}}$ und berechnen Sie dann $f'(2,2)$
10) ... $f(x)=\sqrt{\sqrt{x}}$ und berechnen Sie dann $f'(10,4)$
11) ... $f(x)=x^{\frac{6}{4}}$ und berechnen Sie dann $f'(8,3)$
12) ... $f(x)=x^{\frac{5}{4}}$ und berechnen Sie dann $f'(4,8)$
13) ... $f(x)=\sqrt[5]{x}$ und berechnen Sie dann $f'(1,3)$
14) ... $f(x)=\sqrt[3]{x}$ und berechnen Sie dann $f'(1,3)$
15) ... $f(x)=e^x$ und berechnen Sie dann $f'(3,5)$
16) ... $f(x)=e^x$ und berechnen Sie dann $f'(2,6)$
17) ... $f(x)=e^{-3x}$ und berechnen Sie dann $f'(0,3)$
18) ... $f(x)=e^{-4x}$ und berechnen Sie dann $f'(-1)$
19) ... $f(x)=8x^3$ und berechnen Sie dann $f'(6,1)$
20) ... $f(x)=6x^3$ und berechnen Sie dann $f'(5,2)$
21) ... $f(x)=-6x^4$ und berechnen Sie dann $f'(-5,6)$
22) ... $f(x)=-2x^2$ und berechnen Sie dann $f'(-8,7)$
23) ... $f(x)=x^{-4}$ und berechnen Sie dann $f'(0,9)$
24) ... $f(x)=x^{-2}$ und berechnen Sie dann $f'(1,3)$
25) ... $f(x)=-21x^{-2}$ und berechnen Sie dann $f'(1,2)$
26) ... $f(x)=-20x^{-3}$ und berechnen Sie dann $f'(1)$

27) … $f(x)=ln(x)$ und berechnen Sie dann $f'(2,3)$

28) … $f(x)=ln(x)$ und berechnen Sie dann $f'(4,8)$

29) … $f(x)=ln(-x)$ und berechnen Sie dann $f'(-9,1)$

30) … $f(x)=ln(-x)$ und berechnen Sie dann $f'(-2,8)$

31) … $f(x)=898x+301$ und berechnen Sie dann $f'(156,7)$

32) … $f(x)=870x+34$ und berechnen Sie dann $f'(112,7)$

33) … $f(x)=-13x-15$ und berechnen Sie dann $f'(14,1)$

34) … $f(x)=-14x-12$ und berechnen Sie dann $f'(16,9)$

35) … $f(x)=ln(5x)$ und berechnen Sie dann $f'(6,1)$

36) … $f(x)=ln(2x)$ und berechnen Sie dann $f'(2,9)$

Aufgabenniveau 2

Für die richtige Bearbeitung der folgenden Aufgaben sind je vier Punkte vorgesehen. Ein Punkt beschreibt eine Bearbeitungsdauer von einer Minute.

Bilden Sie die Ableitung von …

1) … $f(x)=ln(1+e^{3x})$ und berechnen Sie dann $f'(1,8)$

2) … $f(x)=ln(3+e^{4x})$ und berechnen Sie dann $f'(1,3)$

3) … $f(x)=4x^3+5x^e$ und berechnen Sie dann $f'(2,2)$

4) … $f(x)=4x^3+3x^e$ und berechnen Sie dann $f'(4,4)$

5) … $f(x)=x^3\cdot e^x$ und berechnen Sie dann $f'(0,1)$

6) … $f(x)=x^2\cdot e^x$ und berechnen Sie dann $f'(-1)$

7) … $f(x)=ln(\sqrt{5x^3})$ und berechnen Sie dann $f'(1,3)$

8) … $f(x)=ln(\sqrt{6x^3})$ und berechnen Sie dann $f'(0,6)$

9) … $f(x)=3e^{4x}$ und berechnen Sie dann $f'(0,5)$

10) … $f(x)=5e^{3x}$ und berechnen Sie dann $f'(0,8)$

11) … $f(x)=(x^3)^2$ und berechnen Sie dann $f'(1,6)$

12) … $f(x)=(x^2)^2$ und berechnen Sie dann $f'(1,3)$

13) … $f(x)=\frac{13}{x+5}$ und berechnen Sie dann $f'(0,3)$

14) … $f(x)=\frac{9}{x+2}$ und berechnen Sie dann $f'(1,8)$

15) … $f(x)=x^3\cdot ln(4+x)$ und berechnen Sie dann $f'(1,8)$

16) … $f(x)=x^3\cdot ln(1+x)$ und berechnen Sie dann $f'(0,8)$

17) ... $f(x) = ln(3x+9)$ und berechnen Sie dann $f'(0,7)$

18) ... $f(x) = ln(4x+5)$ und berechnen Sie dann $f'(0,6)$

19) ... $f(x) = \frac{3}{(x-1)^3}$ und berechnen Sie dann $f'(4,6)$

20) ... $f(x) = \frac{2}{(x-3)^2}$ und berechnen Sie dann $f'(4,6)$

21) ... $f(x) = (e^x)^2$ und berechnen Sie dann $f'(0,6)$

22) ... $f(x) = (e^x)^3$ und berechnen Sie dann $f'(0,5)$

23) ... $f(x) = ln(\sqrt{x})$ und berechnen Sie dann $f'(0,2)$

24) ... $f(x) = ln(\sqrt{x})$ und berechnen Sie dann $f'(0,7)$

25) ... $f(x) = \frac{2}{x} + x^{-\frac{2}{8}}$ und berechnen Sie dann $f'(2,4)$

26) ... $f(x) = \frac{5}{x} + x^{-\frac{3}{8}}$ und berechnen Sie dann $f'(2)$

27) ... $f(x) = x \cdot ln(x)$ und berechnen Sie dann $f'(6,6)$

28) ... $f(x) = x \cdot ln(x)$ und berechnen Sie dann $f'(2,2)$

29) ... $f(x) = x^3 + e^x$ und berechnen Sie dann $f'(1,4)$

30) ... $f(x) = x^3 + e^x$ und berechnen Sie dann $f'(-1,4)$

31) ... $f(x) = \sqrt{x^2}$ und berechnen Sie dann $f'(2)$

32) ... $f(x) = \sqrt{x^2}$ und berechnen Sie dann $f'(4)$

Aufgabenniveau 3

Für die richtige Bearbeitung der folgenden Aufgaben sind je sechs Punkte vorgesehen. Ein Punkt beschreibt eine Bearbeitungsdauer von einer Minute.

Bilden Sie die Ableitung von ...

1) ... $f(x) = e^{x+2} \cdot ln(4+x^3)$ und berechnen Sie dann $f'(-0,8)$

2) ... $f(x) = e^{x+3} \cdot ln(4+x^3)$ und berechnen Sie dann $f'(-0,5)$

3) ... $f(x) = e^{x+2} \cdot ln(3+x^2)$ und berechnen Sie dann $f'(-0,3)$

4) ... $f(x) = ln(3+e^{x^3+x+1})$ und berechnen Sie dann $f'(0,8)$

5) ... $f(x) = ln(2+e^{x^2+x+2})$ und berechnen Sie dann $f'(0)$

6) ... $f(x) = ln(1+e^{x^2+x+3})$ und berechnen Sie dann $f'(-0,1)$

7) ... $f(x) = \sqrt{ln(e^x+4)}$ und berechnen Sie dann $f'(4,5)$

8) ... $f(x) = \sqrt{ln(e^x+5)}$ und berechnen Sie dann $f'(4)$

9) ... $f(x) = \sqrt{ln(e^x+2)}$ und berechnen Sie dann $f'(2,7)$

10) ... $f(x) = (e^{\sqrt{x}})^2 + ln(20)$ und berechnen Sie dann $f'(5)$

11) … $f(x) = (e^{\sqrt{x}})^2 + ln(12)$ und berechnen Sie dann $f'(4,5)$

12) … $f(x) = (e^{\sqrt{x}})^2 + ln(3)$ und berechnen Sie dann $f'(3,5)$

Aufgabenniveau 4

Für die richtige Bearbeitung der folgenden Aufgaben sind je acht Punkte vorgesehen. Ein Punkt beschreibt eine Bearbeitungsdauer von einer Minute.

1) Die Kostenfunktion zur Produktion von zwei Gütern lautet: $K(x, y) = 3,2x^2 + 3,7y^2$

   Insgesamt werden 61 Mengeneinheiten der Güter produziert. Bestimmen Sie die kostenminimalen Produktionsmengen von x und y mit dem Lagrange-Verfahren.

2) Die Kostenfunktion zur Produktion von zwei Gütern lautet: $K(x, y) = 1,3x^2 + 2,7y^2$

   Insgesamt werden 125 Mengeneinheiten der Güter produziert. Bestimmen Sie die kostenminimalen Produktionsmengen von x und y mit dem Lagrange-Verfahren.

3) Die Kostenfunktion zur Produktion von zwei Gütern lautet: $K(x, y) = 2,8x^2 + 3,3y^2$

   Insgesamt werden 73 Mengeneinheiten der Güter produziert. Bestimmen Sie die kostenminimalen Produktionsmengen von x und y mit dem Lagrange-Verfahren.

4) Die Gewinnfunktion des Zwei-Produkt-Unternehmens „WiWi GmbH“ lautet: $G(x, y) = -0,4x^2 - 4,1y^2 + 20$

   Insgesamt werden 63 der Produkte hergestellt und verkauft. Bestimmen Sie die gewinnmaximale Produktionsmenge.

5) Die Gewinnfunktion des Zwei-Produkt-Unternehmens „WiWi GmbH“ lautet: $G(x, y) = -0,5x^2 - 3,2y^2 + 20$

   Insgesamt werden 77 der Produkte hergestellt und verkauft. Bestimmen Sie die gewinnmaximale Produktionsmenge.

6) Die Gewinnfunktion des Zwei-Produkt-Unternehmens „WiWi GmbH“ lautet: $G(x, y) = -4,9x^2 - 1,6y^2 + 20$

   Insgesamt werden 38 der Produkte hergestellt und verkauft. Bestimmen Sie die gewinnmaximale Produktionsmenge.

Integrationsrechnung

4

Für die Bearbeitung hilfreiche Formeln 4

Binomische Formeln:

$(a+b)^2 = a^2 + 2ab + b^2$

$(a-b)^2 = a^2 - 2ab + b^2$

Hauptsatz der Integralrechnung:

$\int_a^b f(x)\mathrm{d}x = F(b) - F(a) \qquad \int af(x)\mathrm{d}x = a\int f(x)\mathrm{d}x$

Stammfunktion einer quadratischen Funktion:

$\int ax^2 + bx + d\ \mathrm{d}x = \frac{1}{3}ax^3 + \frac{1}{2}bx^2 + dx + c$

Stammfunktion einer kubischen Funktion:

$\int ax^3 + bx^2 + dx + k\ \mathrm{d}x = \frac{1}{4}ax^4 + \frac{1}{3}bx^3 + \frac{1}{2}dx^2 + kx + c$

Stammfunktion eines Polynoms:

$\int ax^n\mathrm{d}x = \frac{1}{n+1}ax^{n+1} + c$

Stammfunktion einer gebrochenrationalen Funktion:

$\int \frac{a}{x^n}\mathrm{d}x = \frac{a}{-n+1}x^{-n+1} + c \ \ mit\ x \neq 0 \ \ ; n > 1$

Ausnahme: $n = 1 \quad \int x^{-1}\mathrm{d}x = \int \frac{1}{x}\mathrm{d}x = ln(x) + c; x > 0$

Stammfunktion einer Wurzelfunktion:

$\int a \cdot \sqrt{x}\,\mathrm{d}x = \int ax^{\frac{1}{2}}\mathrm{d}x = \frac{2a}{3}x^{\frac{3}{2}} + c$

Stammfunktion einer Exponentialfunktion:

$\int a^x\mathrm{d}x = \frac{a^x}{ln(a)} + c$ mit $a > 0$ und $x > 0$

Stammfunktion einer Exponentialfunktion mit der Basis e:

$\int a \cdot e^x\mathrm{d}x = a \cdot e^x + c \ \ x > 0$

Stammfunktion einer Logarithmusfunktion:

$\int a \cdot ln(x)\mathrm{d}x = a \cdot (x\,ln(x) - x) + c$ mit $a \in \mathbb{R}$, $x > 0$

Substitution:

$\int f(x)\mathrm{d}x = \int (f(g(z)) \cdot g'(z))\mathrm{d}z$

Partielle Integration:

$\int (f'(x)g(x))\mathrm{d}x = f(x)g(x) - \int (f(x)g'(x))\mathrm{d}x$ bzw. $\int (u'v)\mathrm{d}x = uv - \int (uv')\mathrm{d}x$

Für Ihre Notizen:

Aufgabenniveau 1

Für die richtige Bearbeitung der folgenden Aufgaben sind je vier Punkte vorgesehen. Ein Punkt beschreibt eine Bearbeitungsdauer von einer Minute.

Berechnen Sie das Integral der Funktion: ...

1) ... $f(x)=6x-22$, in den Grenzen von 0 bis 10.
2) ... $f(x)=9x-14$, in den Grenzen von 0 bis 8.
3) ... $f(x)=8x-23$, in den Grenzen von –2 bis 10.
4) ... $f(x)=8x-6$, in den Grenzen von 1 bis 6.
5) ... $f(x)=7x+11$, in den Grenzen von –3 bis 9.
6) ... $f(x)=9x+14$, in den Grenzen von 0 bis 4.
7) ... $f(x)=3x+25$, in den Grenzen von –3 bis 2.
8) ... $f(x)=8x+24$, in den Grenzen von 1 bis 3.
9) ... $f(x)=2x^2+4x+2$, in den Grenzen von –6 bis 1.
10) ... $f(x)=-5x^2+1x+7$, in den Grenzen von –6 bis 4.
11) ... $f(x)=0x^2+2x+4$, in den Grenzen von –4 bis 4.
12) ... $f(x)=7x^2+6x+3$, in den Grenzen von –1 bis 10.
13) ... $f(x)=-5x^2+1x+1$, in den Grenzen von –2 bis2.
14) ... $f(x)=-4x^2+3x+6$, in den Grenzen von –1 bis 2.
15) ... $f(x)=5x^2+5x+6$, in den Grenzen von –4 bis 7.
16) ... $f(x)=-6x^2+9x+5$, in den Grenzen von –2 bis 2.
17) ... $f(x)=4x^2-6x+10$, in den Grenzen von –3 bis 3.
18) ... $f(x)=3x^2-6x+4$, in den Grenzen von –7 bis 7.
19) ... $f(x)=-9x^2-1x+5$, in den Grenzen von –4 bis 7.
20) ... $f(x)=-6x^2-5x+6$, in den Grenzen von –2 bis 10.

Aufgabenniveau 2

Für die richtige Bearbeitung der folgenden Aufgaben sind je sechs Punkte vorgesehen. Ein Punkt beschreibt eine Bearbeitungsdauer von einer Minute.

Berechnen Sie das Integral der Funktion: ...

1) ... $f(x)=8^x-10$, in den Grenzen von 1 bis 4.
2) ... $f(x)=3^x-4$, in den Grenzen von 2 bis 3.

3) … $f(x) = 2e^x - 5$, in den Grenzen von –6 bis 7.

4) … $f(x) = -7e^x - 10$, in den Grenzen von –3 bis 5.

5) … $f(x) = -2e^x + 8$, in den Grenzen von –6 bis 8.

6) … $f(x) = 6e^x + 1$, in den Grenzen von –9 bis 3.

7) … $f(x) = \frac{4}{x} - 10$, in den Grenzen von 5 bis 12.

8) … $f(x) = \frac{-8}{x} - 2$, in den Grenzen von 4 bis 9.

9) … $f(x) = \frac{-8}{x} + 7$, in den Grenzen von 4 bis 12.

10) … $f(x) = \frac{1}{x} + 3$, in den Grenzen von 1 bis 7.

11) … $f(x) = \frac{-6}{x^2} - 1$, in den Grenzen von 1 bis 10.

12) … $f(x) = \frac{-5}{x^2} - 10$, in den Grenzen von 4 bis 8.

13) … $f(x) = \frac{2}{x^2} + 8$, in den Grenzen von 3 bis 10.

14) … $f(x) = \frac{3}{x^2} + 1$, in den Grenzen von 2 bis 6.

15) … $f(x) = 6x^3 + 10x^2 + 5x + 10$, in den Grenzen von –3 bis 10.

16) … $f(x) = 3x^3 + 9x^2 + 7x + 4$, in den Grenzen von –2 bis 7.

17) … $f(x) = x^3 - 10x^2 + 8x + 3$, in den Grenzen von –3 bis 4.

18) … $f(x) = -9x^3 - 3x^2 + 5x + 4$, in den Grenzen von –5 bis 10.

19) … $f(x) = 9x^3 - 5x^2 - 2x + 4$, in den Grenzen von –5 bis 5.

20) … $f(x) = -4x^3 - 8x^2 - 3x + 10$, in den Grenzen von –5 bis 10.

21) … $f(x) = 5x^3 - 2x^2 - 5x - 7$, in den Grenzen von –7 bis 3.

22) … $f(x) = 9x^3 - 4x^2 - 10x - 4$, in den Grenzen von –6 bis 4.

23) … $f(x) = -6x^3 + 5x^2 - 4x + 7$, in den Grenzen von –9 bis 1.

24) … $f(x) = 10x^3 + 10x^2 - 2x + 1$, in den Grenzen von –7 bis 10.

25) … $f(x) = -1x^3 + 9x^2 - 8x - 10$, in den Grenzen von –9 bis 7.

26) … $f(x) = 5x^3 + 4x^2 - 5x - 6$, in den Grenzen von –7 bis 2.

27) … $f(x) = 8x^3 - 5x^2 + 3x - 9$, in den Grenzen von –2 bis 9.

28) … $f(x) = -7x^3 - 2x^2 + 5x - 1$, in den Grenzen von –7 bis 2.

29) … $f(x) = 10 \cdot ln(x) - 10$, in den Grenzen von 6 bis 8.

30) … $f(x) = 2 \cdot ln(x) - 7$, in den Grenzen von 2 bis 13.

31) … $f(x) = -1 \cdot ln(x) + 6$, in den Grenzen von 3 bis 8.

32) … $f(x) = -2 \cdot ln(x) + 10$, in den Grenzen von 3 bis 10.

33) ... $f(x)=-2\sqrt{x}-6$, in den Grenzen von 5 bis 13.

34) ... $f(x)=6\sqrt{x}-2$, in den Grenzen von 1 bis 12.

35) ... $f(x)=3\sqrt{x}+6$, in den Grenzen von 1 bis 8.

36) ... $f(x)=-5\sqrt{x}+9$, in den Grenzen von 2 bis 9.

37) ... $f(x)=-9x^4+4x^3+9x^2+3x+7$, in den Grenzen von –8 bis 7.

38) ... $f(x)=7x^4+1x^3+7x^2+3x+1$, in den Grenzen von –6 bis 7.

39) ... $f(x)=5x^4-5x^3-1x^2-2x-4$, in den Grenzen von –1 bis 5.

40) ... $f(x)=8x^4-2x^3-4x^2-9x-10$, in den Grenzen von –2 bis 5.

41) ... $f(x)=-6x^4-2x^3-7x^2+6x+8$, in den Grenzen von –2 bis 1.

42) ... $f(x)=3x^4-4x^3-5x^2+9x+1$, in den Grenzen von –2 bis 2.

43) ... $f(x)=-3x^4+2x^3+8x^2-2x-4$, in den Grenzen von –4 bis 2.

44) ... $f(x)=-10x^4+2x^3+5x^2-10x-3$, in den Grenzen von –4 bis 3.

45) ... $f(x)=x^4-8x^3+3x^2-2x+8$, in den Grenzen von –4 bis 6.

46) ... $f(x)=-4x^4-4x^3+3x^2-6x+7$, in den Grenzen von –4 bis 2.

47) ... $f(x)=10x^4+8x^3-5x^2+7x+4$, in den Grenzen von –2 bis 3.

48) ... $f(x)=-10x^4+4x^3-6x^2+3x+8$, in den Grenzen von –3 bis 1.

49) ... $f(x)=-7x^4-4x^3+3x^2+10x-2$, in den Grenzen von –4 bis 2.

50) ... $f(x)=8x^4-7x^3+3x^2+2x-1$, in den Grenzen von –6 bis 5.

Aufgabenniveau 3

Für die richtige Bearbeitung der folgenden Aufgaben sind je sechs Punkte vorgesehen. Ein Punkt beschreibt eine Bearbeitungsdauer von einer Minute.

Berechnen Sie die Fläche, die von der Funktion ...

1) ... $f(x)=2x+4{,}4$ und der x-Achse in den Grenzen von –4,6 bis 2,7 eingeschlossen wird.

2) ... $f(x)=2x+2{,}9$ und der x-Achse in den Grenzen von –3,5 bis 0,8 eingeschlossen wird.

3) ... $f(x)=2x+4{,}1$ und der x-Achse in den Grenzen von –4,2 bis 2,7 eingeschlossen wird.

4) ... $f(x)=2x+3{,}5$ und der x-Achse in den Grenzen von –3,6 bis 2 eingeschlossen wird.

5) … $f(x) = -2x + 3,1$ und der x-Achse in den Grenzen von –0,4 bis 5,6 eingeschlossen wird.

6) … $f(x) = 2x + 2,1$ und der x-Achse in den Grenzen von –2 bis 5,7 eingeschlossen wird.

7) … $f(x) = -2x + 5,2$ und der x-Achse in den Grenzen von 0 bis 4,2 eingeschlossen wird.

8) … $f(x) = -2x + 3$ und der x-Achse in den Grenzen von –1,7 bis 4,9 eingeschlossen wird.

Aufgabenniveau 4

Für die richtige Bearbeitung der folgenden Aufgaben sind je acht Punkte vorgesehen. Ein Punkt beschreibt eine Bearbeitungsdauer von einer Minute.

Berechnen Sie die Fläche, die von der Funktion …

1) … $f(x) = (x + 5)^2 - 4$ und der x-Achse in den Grenzen von –4 bis 0 eingeschlossen wird.

2) … $f(x) = (x + 3)^2 - 4$ und der x-Achse in den Grenzen von –4 bis 0 eingeschlossen wird.

3) … $f(x) = (x + 5)^2 - 4$ und der x-Achse in den Grenzen von –4 bis 1 eingeschlossen wird.

4) … $f(x) = (x + 3)^2 - 4$ und der x-Achse in den Grenzen von –4 bis 1 eingeschlossen wird.

5) … $f(x) = (x + 4,1)^2 - 5,4$ und der x-Achse in den Grenzen von –4,2 bis 1,5 eingeschlossen wird.

6) … $f(x) = (x + 4,7)^2 - 4,9$ und der x-Achse in den Grenzen von –3,8 bis 0,3 eingeschlossen wird.

7) … $f(x) = (x + 4,6)^2 - 4,5$ und der x-Achse in den Grenzen von –4,2 bis 1,3 eingeschlossen wird.

8) … $f(x) = (x + 3,8)^2 - 4,6$ und der x-Achse in den Grenzen von –5,2 bis 0,5 eingeschlossen wird.

5 Lineare Gleichungssysteme und lineare Programmierung

Für die Bearbeitung hilfreiche Formeln 5

$A+B=(a_{ij}+b_{ij})$ *für* $A=(a_{ij})$ *und* $B=(b_{ij})$

$A+B=B+A$

$(A+B)+C=A+(B+C)$

$\lambda A=(\lambda a_{ij})$

$A\cdot B=C=(c_{mk})$ *für* $A=(a_{mn})$ *und* $B=(b_{nk})$

mit $c_{ij}=\sum_{l=1}^{n}a_{il}\cdot b_{lj}=a_{i1}\cdot b_{1j}+a_{i2}\cdot b_{2j}+\ldots+a_{in}\cdot b_{nj}$ *; wobei* $i=1,\ldots,m; j=1,\ldots,k$

$(A\cdot B)\cdot C=A\cdot(B\cdot C)$

$A\cdot(B+C)=A\cdot B+A\cdot C$

$(A+B)^t=A^t+B^t$

$(A\cdot B)^t=B^t\cdot A^t$

$(A^t)^t=A$

$\vec{x}=A^{-1}\cdot\vec{b}$

$A^{-1}=\frac{1}{d}\begin{pmatrix}a_{22} & (-a_{12})\\(-a_{21}) & a_{11}\end{pmatrix}$ wenn $d=a_{11}a_{22}-a_{21}a_{12}\neq 0$

$A_n\cdot A_n^{-1}=E_n$

Für Ihre Notizen:

Aufgabenniveau 1

Für die richtige Bearbeitung der folgenden Aufgaben sind je drei Punkte vorgesehen. Ein Punkt beschreibt eine Bearbeitungsdauer von einer Minute.

1) Lösen Sie die folgenden Gleichungssysteme:

a) $3a + 4b - 2c = 4$
$3a = 30$
$-3a - 8b + 2c = 0$

b) $3m = -19{,}5$
$3p = 18$
$-3m + n - 3p = -6{,}5$

c) $-2x = -22$
$2x + 2z = 12$
$2x - y = 15$

d) $-5b - 4c = 5$
$-4a + 6c = 14$
$-8a + 10c = -2$

2) Lösen Sie die folgenden Gleichungssysteme:

a) $3x + 4y + 15z - 6 = 0$
$12 = -3z$
$0 = 4y + 18z$

b) $-19b + 4 = -4a$
$-4a = -4 - 4c + b$
$-18b = -4a$

c) $0 = 26 - 2m$
$-24 + 4p - 4m = 0$
$0 = -8 - 8p - 4n + 8m$

d) $22 = -2y$
$-9x = -8z + 1$
$-7 + 3x = 4z$

e) $19 - 6p = -m$
$-3p + 15 = 0$
$-2 - 2m = -12p + 2n$

f) $-3a - 8b = 7{,}5$
$-10b = 1{,}5 + 3a$
$-22 = -4c$

g) $-4x + 4y = -8$
$-4y = -2x + 16$
$-4 + 4z - 12y = 0$

h) $-y - 19 = 0$
$-14 - 3x = -y$
$-z = 14$

i) $18 + 2a = 0$
$-8 = -4a + 4c$
$-3 = -4c + 6a - 2b$

Aufgabenniveau 2

Für die richtige Bearbeitung der folgenden Aufgaben sind je acht Punkte vorgesehen. Ein Punkt beschreibt eine Bearbeitungsdauer von einer Minute.

1) Lösen Sie die folgenden Gleichungssysteme:

a) $18q - 9n - 4p = 0{,}5$
$4p - 3n + 5q - 4m = -2{,}5$
$-6q + 3n = 10{,}5$
$-6n - 4p + 13q = 3$

b) $-3q + 2p = 12$
$3q - 5n - 6m = -3$
$-3m + 6p - 6q = -3$
$6p - 6q = 6$

c) $-3b-15d=0$
$3b-3d+4w=-16$
$-3b-4w=10$
$3b-4h+4w=-16$

d) $8a+3b-c=7$
$4a+3b=-11$
$-8a-6b+d=2$
$10a+6b=-8$

e) $-5c+4d=12$
$4b+20c-16d=0$
$-20c+12d=-4$
$3a-4d=-22$

f) $3r=-18$
$-2o-6r-u=12{,}5$
$-6r-u=22{,}5$
$-4o+6r+5t+u=7{,}5$

g) $5m+5q=20$
$-6m-5q=-9$
$-n-2p=-16{,}5$
$-m+2p=22$

h) $10m-5n-30p=7{,}5$
$5n+2q=-65{,}5$
$-2p=-16$
$2m-6p=-12$

i) $-4w+y=26$
$2w+4x+10z=-4$
$-2w=20$
$2w-z=-16$

j) $-3m-3n+6p-2q=8$
$-3m-2n+6p-2q=4$
$-3m-3n+6p=-6$
$6m+3n-9p=0$

2) Lösen Sie die folgenden Gleichungssysteme:

a) $3p=-30-m$
$-1=m-20n+24p$
$0=-5n+2q-29$
$5p-5n=10$

b) $-2d=37$
$-5=2a-12c$
$-9c=8+6d-4b$
$-10+3c+2d=2b$

c) $3v-30=0$
$-50z+4s=-14$
$0=-3u+6v-24$
$z-29=-3v$

d) $13{,}5=3w+2x$
$5y-4z+3w=-20{,}5$
$10y=12z-9w+8{,}5$
$-4x-3w=10{,}5$

e) $16=4q$
$-4q-n+4m=4{,}5+5p$
$0=n+16$
$2+4m=16q$

f) $4g+f-13=-4a-3j$
$-12+4a=-4g$
$-j-4g-4a=-8$
$-8a-10g=5$

g) $2a=-2c+14$
$-2b+2d=3a-10$
$-7a-6b=-4d$
$30+2b=0$

h) $-10a+4=6t+3x$
$-5a-11{,}5=4t$
$3+6y+8t=0$
$11=-4y-6t$

i) $-4b+6=14a+2d$
$-4-36a=-4c+8b$
$-4b=18a-34$
$16a+2d=2-4b$

j) $0=12{,}5+5w$
$-25w-4z=-7{,}5$
$10w+y=-6$
$3x=-42$

k) $-20z-3x=0$
$-2y=-2z-25$
$-14-2y=-2z-3w$
$14=-3w+4y-2z$

Aufgabenniveau 3

Für die richtige Bearbeitung der folgenden Aufgaben sind je drei Punkte vorgesehen. Ein Punkt beschreibt eine Bearbeitungsdauer von einer Minute.

Lösen Sie die folgenden Gleichungssysteme über den Ansatz $\vec{x} = A^{-1} \cdot \vec{b}$

1) (1) $-2a-2b-4c=-8$
(2) $-2a-2b-3c=10$
(3) $-a=12$
Mit der dazugehörigen Inverse A^{-1}:

$$\begin{pmatrix} 0 & 0 & -1 \\ 1\frac{1}{2} & -2 & 1 \\ -1 & 1 & 0 \end{pmatrix}$$

2) (1) $0a+2b=-2$
(2) $-6a-18b+3c=-1\frac{1}{2}$
(3) $4a-3c=27\frac{1}{2}$
Mit der dazugehörigen Inverse A^{-1}:

$$\begin{pmatrix} -4\frac{1}{2} & -\frac{1}{2} & -\frac{1}{2} \\ \frac{1}{2} & 0 & 0 \\ -6 & -\frac{2}{3} & -1 \end{pmatrix}$$

3) (1) $-4b+7c=-7$
(2) $a+4b-6c=3\frac{1}{2}$
(3) $-1c=-7$
Mit der dazugehörigen Inverse A^{-1}:

$$\begin{pmatrix} 1 & 1 & 1 \\ -\frac{1}{4} & 0 & -1\frac{3}{4} \\ 0 & 0 & -1 \end{pmatrix}$$

4) (1) $3a-1b=-11$
(2) $b=20$
(3) $3a+2c=9$
Mit der dazugehörigen Inverse A^{-1}:

$$\begin{pmatrix} \frac{1}{3} & \frac{1}{3} & 0 \\ 0 & 1 & 0 \\ -\frac{1}{2} & -\frac{1}{2} & \frac{1}{2} \end{pmatrix}$$

5) (1) $-3a - 3b = -9$

(2) $-18a - 15b = 3$

(3) $-3c = -12$

Mit der dazugehörigen Inverse A^{-1}:

$$\begin{pmatrix} 1\frac{2}{3} & -\frac{1}{3} & 0 \\ -2 & \frac{1}{3} & 0 \\ 0 & 0 & -\frac{1}{3} \end{pmatrix}$$

6) (1) $a = -17$

(2) $a + 4b - 16c = 3$

(3) $-a - 4b + 18 = 1$

Mit der dazugehörigen Inverse A^{-1}:

$$\begin{pmatrix} 1 & 0 & 0 \\ -\frac{1}{4} & 2\frac{1}{4} & 2 \\ 0 & \frac{1}{2} & \frac{1}{2} \end{pmatrix}$$

7) (1) $2b - 2c = 16$

(2) $-8a - 4b - 2c = 2$

(3) $4a + 4b = 20$

Mit der dazugehörigen Inverse A^{-1}:

$$\begin{pmatrix} \frac{1}{2} & -\frac{1}{2} & -\frac{3}{4} \\ -\frac{1}{2} & \frac{1}{2} & 1 \\ -1 & \frac{1}{2} & 1 \end{pmatrix}$$

8) (1) $b = -8$

(2) $2a + 4b = -8$

(3) $-8a - 5c = -1$

Mit der dazugehörigen Inverse A^{-1}:

$$\begin{pmatrix} -2 & \frac{1}{2} & 0 \\ 1 & 0 & 0 \\ 3\frac{1}{5} & -\frac{4}{5} & -\frac{1}{5} \end{pmatrix}$$

9) (1) $1a + 2b + 2c = 8$

(2) $-a = -15$

(3) $a + 4b + 3c = -4\frac{1}{2}$

Mit der dazugehörigen Inverse A^{-1}:

$$\begin{pmatrix} 0 & -1 & 0 \\ -1\frac{1}{2} & -\frac{1}{2} & 1 \\ 2 & 1 & -1 \end{pmatrix}$$

10) (1) $4a + 15c = 5$

(2) $-3c = 15$

(3) $4a - 1b + 15c = -6$

Mit der dazugehörigen Inverse A^{-1}:

$$\begin{pmatrix} \frac{1}{4} & 1\frac{1}{4} & 0 \\ 1 & 0 & -1 \\ 0 & -\frac{1}{3} & 0 \end{pmatrix}$$

Aufgabenniveau 4

Für die richtige Bearbeitung der folgenden Aufgaben sind je acht Punkte vorgesehen. Ein Punkt beschreibt eine Bearbeitungsdauer von einer Minute.

Lösen Sie die folgenden Gleichungssysteme über den Ansatz $\vec{x} = A^{-1} \cdot \vec{b}$

1) (1) $-3a - c - 4d = -15$

(2) $3a - 5b - 2c + 4d = -4$

(3) $3a - 5b + 10c = 12$

(4) $11c - 4d = 18$

Mit der dazugehörigen Inverse A^{-1}:

$$\begin{pmatrix} -\frac{1}{3} & 4 & -4 & 4\frac{1}{3} \\ -\frac{1}{5} & \frac{2}{5} & -\frac{3}{5} & \frac{3}{5} \\ 0 & -1 & 1 & -1 \\ 0 & -2\frac{3}{4} & 2\frac{3}{4} & -3 \end{pmatrix}$$

2) (1) $a = -19$

(2) $6a - 2b + 8c = -4$

(3) $3a + 4c = 15$

(4) $2a + 4d = 12$

Mit der dazugehörigen Inverse A^{-1}:

$$\begin{pmatrix} 1 & 0 & 0 & 0 \\ 0 & -\frac{1}{2} & 1 & 0 \\ -\frac{3}{4} & 0 & \frac{1}{4} & 0 \\ -\frac{1}{2} & 0 & 0 & \frac{1}{4} \end{pmatrix}$$

3) (1) $-12b + 12c = 0$

(2) $12b - 12c - 1d = 14$

(3) $-3b + 4c = 15\frac{1}{2}$

(4) $2a + d = -19$

Mit der dazugehörigen Inverse A^{-1}:

$$\begin{pmatrix} \frac{1}{2} & \frac{1}{2} & 0 & \frac{1}{2} \\ -\frac{1}{3} & 0 & 1 & 0 \\ -\frac{1}{4} & 0 & 1 & 0 \\ -1 & -1 & 0 & 0 \end{pmatrix}$$

4) (1) $7a - 4c - 6d = 1$

(2) $2b + 8d = 8$

(3) $-4a - 2b + 4c - 6d = 8$

(4) $2a - 2d = 14$

Mit der dazugehörigen Inverse A^{-1}:

$$\begin{pmatrix} -1 & -1 & -1 & 2 \\ 4 & 4\frac{1}{2} & 4 & -6 \\ -\frac{1}{2} & -\frac{1}{4} & -\frac{1}{4} & 1\frac{1}{4} \\ -1 & -1 & -1 & 1\frac{1}{2} \end{pmatrix}$$

5) (1) $a + 2b - c + 2d = -11$

(2) $-a - 4b + 2c = -12$

(3) $a + 4b - c + 2d = 9$

(4) $2b - c = 15$

Mit der dazugehörigen Inverse A^{-1}:

$$\begin{pmatrix} 0 & -1 & 0 & -2 \\ -\frac{1}{2} & 0 & \frac{1}{2} & 0 \\ -1 & 0 & 1 & -1 \\ \frac{1}{2} & \frac{1}{2} & 0 & \frac{1}{2} \end{pmatrix}$$

6) (1) $-a + 2b + c = -13$

(2) $b = -17$

(3) $2b + c = -22\frac{1}{2}$

(4) $b + d = -24$

Mit der dazugehörigen Inverse A^{-1}:

$$\begin{pmatrix} -1 & 0 & 1 & 0 \\ 0 & 1 & 0 & 0 \\ 0 & -2 & 1 & 0 \\ 0 & -1 & 0 & 1 \end{pmatrix}$$

7) (1) $3a + 8d = 6$

(2) $3c + 9d = 6$

(3) $b - 3c - 10d = -6\frac{1}{2}$

(4) $6a + b - 3c + 7d = -\frac{1}{2}$

Mit der dazugehörigen Inverse A^{-1}:

$$\begin{pmatrix} 5\frac{2}{3} & 0 & 2\frac{2}{3} & -2\frac{2}{3} \\ -2 & 1 & 0 & 1 \\ 6 & \frac{1}{3} & 3 & -3 \\ -2 & 0 & -1 & 1 \end{pmatrix}$$

8) (1) $-2c - 5d = 17$

(2) $-5a - 2b = -68$

(3) $2c = -22$

(4) $5a - 55d = 20$

Mit der dazugehörigen Inverse A^{-1}:

$$\begin{pmatrix} -2\frac{1}{5} & 0 & -2\frac{1}{5} & \frac{1}{5} \\ 5\frac{1}{2} & -\frac{1}{2} & 5\frac{1}{2} & -\frac{1}{2} \\ 0 & 0 & \frac{1}{2} & 0 \\ -\frac{1}{5} & 0 & -\frac{1}{5} & 0 \end{pmatrix}$$

9) (1) $-4b + 4c - 8d = -8$

(2) $4d = 20$

(3) $-4a + 4b + 4d = -12$

(4) $2b + 4d = -16$

Mit der dazugehörigen Inverse A^{-1}:

$$\begin{pmatrix} 0 & -\frac{1}{4} & -\frac{1}{4} & \frac{1}{2} \\ 0 & -\frac{1}{2} & 0 & \frac{1}{2} \\ \frac{1}{4} & 0 & 0 & \frac{1}{2} \\ 0 & \frac{1}{4} & 0 & 0 \end{pmatrix}$$

10) (1) $-6c + d = 12$

(2) $-4a - 30c + 5d = -4$

(3) $-10c + 2d = 16$

(4) $4a - 4b + 30c - 5d = 2$

Mit der dazugehörigen Inverse A^{-1}:

$$\begin{pmatrix} 1\frac{1}{4} & -\frac{1}{4} & 0 & 0 \\ 0 & -\frac{1}{4} & 0 & -\frac{1}{4} \\ -1 & 0 & \frac{1}{2} & 0 \\ -5 & 0 & 3 & 0 \end{pmatrix}$$

Aufgabenniveau 5

Für die richtige Bearbeitung der folgenden Aufgaben sind je sechzehn Punkte vorgesehen. Ein Punkt beschreibt eine Bearbeitungsdauer von einer Minute.

1) Die Nebenbedingungen eines linearen Programms lauten:

(1) $x_2 \leq 15$

(2) $-1 \leq x_1$

(3) $x_2 \geq 3$

(4) $-2x_1 + 3x_2 \geq 3$

(5) $-2x_1 + 5x_2 \leq 28$

(6) $-7x_1 + 2x_2 \geq -13$

a) Schraffieren Sie den zulässigen Bereich.

b) Ermitteln Sie den minimalen Wert der Zielfunktion $z = 2x_1 + 0{,}5x_2$

c) Ermitteln Sie den maximalen Wert der Zielfunktion $z = 2x_1 + 0{,}5x_2$

2) Die Nebenbedingungen eines linearen Programms lauten:

(1) $x_2 + 4 \geq 0{,}5x_1$

(2) $x_2 \leq 8 - \frac{4}{3}x_1$

(3) $x_2 \leq 16 - 5x_1$

(4) $x_2 - 4 \leq -0{,}2x_1$

(5) $x_2 + 5 \leq 8x_1$

(6) $x_1 \geq 0$

a) Schraffieren Sie den zulässigen Bereich.

b) Ermitteln Sie den maximalen Wert der Zielfunktion
$z = x_2 + 12x_1$

3) Die Nebenbedingungen eines linearen Programms lauten:

(1) $0 \leq \frac{1}{2}x_1 + 2 - x_2$

(2) $x_2 \geq -\frac{1}{2}x_1 + 1$

(3) $x_2 - 19 \leq -2x_1$

(4) $x_2 \leq -\frac{1}{3}x_1 + 4$

(5) $x_1 \geq \frac{1}{5}x_2 + 1$

(6) $x_1 \geq 0$

a) Schraffieren Sie den zulässigen Bereich.

b) Ermitteln Sie den minimalen Wert der Zielfunktion
$z = x_2 + 6x_1$

4) Die Nebenbedingungen eines linearen Programms lauten:

(1) $1 \leq x_1$

(2) $x_2 \geq 0{,}5$

(3) $-0{,}5x_1 + x_2 \geq 2$

(4) $-x_1 + 3x_2 \leq 15$

(5) $-4x_1 + 5x_2 \geq -20$

(6) $x_1 \leq 10$

a) Schraffieren Sie den zulässigen Bereich.

b) Ermitteln Sie den minimalen Wert der Zielfunktion
$z = 1{,}5x_1 + x_2$

5) Die Nebenbedingungen eines linearen Programms lauten:

(1) $2 \leq x_1$

(2) $x_2 \geq 1{,}5$

(3) $-1{,}5x_1 + x_2 \leq 5$

(4) $-1{,}2x_1 - x_2 \geq -15$

(5) $-0{,}5x_1 + x_2 \geq 1$

(6) $x_1 \leq 7$

a) Schraffieren Sie den zulässigen Bereich.

b) Ermitteln Sie den minimalen Wert der Zielfunktion
$z = 2x_1 + x_2$

Für Ihre Notizen:

6 Musterklausur

Die Folgenden Aufgaben stellen eine mögliche Klausur mit einem Umfang von 90 Punkten und dementsprechend einer Bearbeitungszeit von 90 Minuten dar.

Aufgabe 1

Bilden Sie die Ableitung von $f(x) = 4x^2 + 5x^e$ und berechnen Sie dann $f'(6)$

(4 Punkte)

Aufgabe 2

Bilden Sie die Ableitung von $f(x) = 2e^{2x}$ und berechnen Sie dann $f'(0,4)$

(4 Punkte)

Aufgabe 3

Bilden Sie die Ableitung von $f(x) = \sqrt{ln(e^x + 2)}$ und berechnen Sie dann $f'(3,9)$

(6 Punkte)

Aufgabe 4

Der Wert einer Anleihe beträgt heute 41949 €. Nach Einschätzung von Experten steigt der Wert der Anleihe in den nächsten Jahren um jährlich 3,1 %. In wie vielen Jahren* hätte die Anleihe ihren Wert mindestens verdoppelt?

**Hinweis: Geben Sie das Jahr mit zwei Nachkommastellen an.*

(4 Punkte)

Aufgabe 5

Nehmen Sie an, dass Sie schon 6 Jahre lang in Biotechnologie-Aktien investieren und die Jahresrendite seitdem stark schwankte: 2,3 %; –2,4 %; 5 %; –3,7 %; 3 %; –0,5 %.

Wie groß ist der geometrische Durchschnitt dieser Veränderungen (in Prozent)?

(6 Punkte)

Aufgabe 6

Auf einem Sparbuch mit linearer Jahresverzinsung von i = 2,1 % sei am 01.01. ein Guthaben von 3310 € vorhanden. Es werden dann 1555 € am 02.02. abgehoben und schließlich 14928 € am 17.11. eingezahlt. Auf welchen Betrag belaufen sich die angefallenen Zinsen nach einem Jahr?

Hinweis: Nehmen Sie an, dass jeder Kalendermonat 30 Tage hat.

(8 Punkte)

Aufgabe 7

Auf einem Sparbuch mit linearer Jahresverzinsung von i = 2,5 % sei am 01.01. ein Guthaben von 1932 € vorhanden. Es werden dann 585 € am 15.01. eingezahlt und schließlich 819 € am 11.06. abgehoben. Auf welchen Betrag belaufen sich die angefallenen Zinsen nach einem Jahr?

Hinweis: Nehmen Sie an, dass jeder Kalendermonat 30 Tage hat.

(8 Punkte)

Aufgabe 8

Berechnen Sie das Integral der Funktion: $f(x) = 5x + 15$, in den Grenzen von –3 bis 3.

(4 Punkte)

Aufgabe 9

Berechnen Sie das Integral der Funktion: $f(x) = -6x^2 - 5x + 10$, in den Grenzen von –6 bis 3.

(4 Punkte)

Aufgabe 10

Berechnen Sie das Integral der Funktion: $f(x) = -\frac{1}{x^2} + 9$, in den Grenzen von 3 bis 6.

(6 Punkte)

Aufgabe 11

Berechnen Sie das Integral der Funktion: $f(x) = -1\sqrt{x} - 2$, in den Grenzen von 1 bis 12.

(6 Punkte)

Aufgabe 12

Berechnen Sie die Fläche, die von der Funktion $f(x) = (x+3)^2 - 4$ und der x-Achse in den Grenzen von –5 bis 1 eingeschlossen wird.

(8 Punkte)

Aufgabe 13

Berechnen Sie die Fläche, die von der Funktion $f(x) = (x + 4{,}8)^2 - 5{,}9$ und der x-Achse in den Grenzen von –5,5 bis 1,4 eingeschlossen wird.

(8 Punkte)

Aufgabe 14

Lösen Sie das Gleichungssystem:

$4k + 4m = 12$

$-50 + 4k = -2g$

$-53 + 4k = -g$

(3 Punkte)

Aufgabe 15

Lösen Sie das Gleichungssystem:

$3b - 3y - 16 = 4z$

$-6 = -9y + 6b$

$3b = 18 + 3y$

(3 Punkte)

Aufgabe 16

Lösen Sie das Gleichungssystem:

$6 - 10b + 4c = -8a$

$14 = 4a - 4b + 2c$

$-4c - 4 = 8a - 6b - 4d$

$-6c = 8a - 12b + 2$

(8 Punkte)

Für Ihre Notizen:

7 Lösung zu: Folgen und Reihen

Lösung zu: Aufgabenniveau 1

(1) 17100

(2) 33319

(3) 9,97* Jahre

(4) 31,86* Jahre

(5) 2,07 %

(6) 3,57 %

(7) 73,73

(8) 38,05

(9) 20800

(10) 10400

(11) 186001,2

(12) 232501,5

(13) 29456

(14) 6699

(15) 0,03 %

(16) –0,3 %

**Hinweis: Entgegen der mathematischen Rundungsregel muss das Ergebnis aufgerundet werden, da nach dem Zeitpunkt gesucht wird, an dem mindestens eine Verdoppelung stattgefunden hat.*

Lösung zu: Aufgabenniveau 2

(1) –0,1 %
(2) –0,01 %
(3) 19632,44 €
(4) 17975,76 €
(5) 3,84 %
(6) 3,7 %
(7) 13,88* Jahre
(8) 6,91* Jahre
(9) 2,66 %
(10) 2,39 %
(11) 16044,46 €
(12) 18426,94 €
(13) 26,32* Jahre
(14) 10,32* Jahre
(15) 26,91* Jahre
(16) 34,92* Jahre
(17) 23723,81 €
(18) 22246,93 €

**Hinweis: Entgegen der mathematischen Rundungsregel muss das Ergebnis aufgerundet werden, da nach dem Zeitpunkt gesucht wird, an dem erstmalig ein Ereignis stattgefunden hat.*

Lösung zu: Aufgabenniveau 3

(1) 72,59 €
(2) 99,40 €
(3) 62,19 €
(4) 123,74 €
(5) 222,15 €
(6) 125,54 €

Für Ihre Notizen:

8 Lösung zu: Funktionen

Lösung zu: Aufgabenniveau 1

1) Die Gleichung der Geraden, die durch die Punkte (1;2) und (7;–4) verläuft lautet: $y = -1x + 3$

   Erläuterung: Laut Formelsammlung gilt: Steigung einer linearen Funktion, bei gegebenen Punkten

   $P_1 = (x_1; y_1)$ und $P_2 = (x_2; y_2)$: $m = \frac{y_2 - y_1}{x_2 - x_1}$.

   y-Achsenabschnitt einer linearen Funktion, bei gegebenen Punkten $P_1 = (x_1; y_1)$ und $P_2 = (x_2; y_2)$: $b = y_1 - \frac{y_2 - y_1}{x_2 - x_1} \cdot x_1$.

   Hier also: $m = \frac{-4-2}{7-1} = \frac{-6}{6} = -1$; $b = 2 + 1 \cdot 1 = 3$

   Einsetzen in $y = mx + b$: $y = -1x + 3$

2) Die Gleichung der Geraden, die durch den Punkt (3;9) verläuft und die Steigung 0,25 hat lautet: $y = 0{,}25x + 8{,}25$

   Erläuterung: Einsetzen in $y = mx + b$: $9 = 0{,}25 \cdot 3 + b$

   Umstellen nach b: $b = 8{,}25$

   Einsetzen in $y = mx + b$: $y = 0{,}25x + 8{,}25$

3) Die Steigung der Geraden, die durch die Punkte (g;-g) und (2g;5g) mit der Konstanten g ≠ 0 verläuft, lautet: $m = \frac{y_2 - y_1}{x_2 - x_1} = \frac{5g-(-g)}{2g-g} = \frac{6g}{g} = 6$

Lösung zu: Aufgabenniveau 2

Die Nullstellen der folgenden Funktionen sind:

1) $e(x) = x^2 - 5x + 123$

   Lösung: Keine Lösung

   Erläuterung: Die Anwendung der *pq-Formel*:

   $-\frac{p}{2} \pm \sqrt{(\frac{p}{2})^2 - q} = \frac{5}{2} \pm \sqrt{(-\frac{5}{2})^2 - 123} \Leftrightarrow \frac{5}{2} \pm \sqrt{-116{,}75}$

   liefert aufgrund der negativen Zahl unter der Wurzel kein Ergebnis.

2) $f(x) = x^3 + 2x^2 + 0,5x$

Lösung: $x_1 = 0 \wedge x_2 = -1 - \sqrt{0,5} \approx -1,707 \wedge x_3 = -1 + \sqrt{0,5} \approx -0,2929$

Erläuterung: Durch Ausklammern eines x:

$f(x) = x^3 + 2x^2 + 0,5x \Leftrightarrow f(x) = x(x^2 + 2x^1 + 0,5) \rightarrow x_1 = 0$

erhält man die quadratische Funktion: $x^2 + 2x + 0,5$, deren Nullstellen mit Hilfe der *pq-Formel* berechnet werden können:

$-\frac{2}{2} \pm \sqrt{(\frac{2}{2})^2 - 0,5} = -1 \pm \sqrt{0,5} \Rightarrow x_1 \approx -1,707 \wedge x_2 \approx -0,2929$

3) $g(x) = 2x^2 - x^1 - 1$

Lösung: $x_1 = 1 \wedge x_2 = -0,5$

Erläuterung: Zu diesem Ergebnis führt die Anwendung der *pq-Formel*: $\frac{1}{4} \pm \sqrt{(-\frac{1}{4})^2 + \frac{1}{2}}$

Hierbei ist zu beachten, dass die vorliegende Funktion durch Zwei geteilt werden muss, bevor die *pq-Formel* angewandt werden kann.

4) $h(x) = \frac{1}{2}x^2$

Lösung: $x = 0$

Erläuterung: Der Scheitelpunkt der Funktion liegt im Ursprung, somit auch die Nullstelle.

Lösung zu: Aufgabenniveau 3

1) Funktionsterm: $f(x) = x^2$; Definitionsbereich: $\mathbb{D} = [-2;2]$;
Wertebereich: $\mathbb{W} = [0;4]$

2) Funktionsterm: $f(x) = x^2 + 1,5$; Definitionsbereich: $\mathbb{D} = [-2;2]$;
Wertebereich: $\mathbb{W} = [1,5;5,5]$

3) Funktionsterm: $f(x) = 0,25x^2$; Definitionsbereich: $\mathbb{D} = [-4;4]$;
Wertebereich: $\mathbb{W} = [0;4]$

4) Funktionsterm: $f(x) = (x-1)^3 + 1$; Definitionsbereich:
$\mathbb{D} = [-0,5;2,5]$;
Wertebereich: $\mathbb{W} = [-2,375;4,375]$

5) Funktionsterm: $f(x) = -x^3 - 0,5$; Definitionsbereich: $\mathbb{D} = [-1,5;1]$;
Wertebereich: $\mathbb{W} = [2,875;-1,5]$;
Nullstelle: $\sqrt[3]{-0,5} = -0,7937 \approx -0,79$

6) Funktionsterm: $f(x) = 0,5 \cdot (x+3)^3$; Definitionsbereich:
$\mathbb{D} = [-4,5;-1]$;
Wertebereich: $\mathbb{W} = [-1,6875;4]$

7) Funktionsterm: $f(x) = \sqrt{(-x+3)} + 1$; Definitionsbereich: $\mathbb{D} = [-3;3]$;
Wertebereich: $\mathbb{W} = [1;3,4495]$

8) Funktionsterm: $f(x) = \sqrt[3]{x+2} - 2$; Definitionsbereich: $\mathbb{D} = [-2;8]$;
Wertebereich: $\mathbb{W} = [-2;\sqrt[3]{10} - 2]$; Nullstelle: $x_0 = 6$

9) Funktionsterm: $f(x) = e^{x+2} - 1$; Definitionsbereich: $\mathbb{D} = [-5;0]$;
Wertebereich: $\mathbb{W} = [-0,9502;6,389]$

10) Funktionsterm: $f(x) = ln(x)$; Definitionsbereich: $\mathbb{D} = [0,5;5]$;
Wertebereich: $\mathbb{W} = [-0,69314718;1,609437912]$; Nullstelle: $x_0 = 1$

Für Ihre Notizen:

9 Lösung zu: Differentialrechnung

Lösungen zu: Aufgabenniveau 1

1) $f'(5,2)$ von $f(x)=7x^3$ ist: 567,84
2) $f'(4,8)$ von $f(x)=7x^3$ ist: 483,84
3) $f'(1,7)$ von $f(x)=6x^{-1}$ ist: –2,08
4) $f'(3,7)$ von $f(x)=12x^{-1}$ ist: –0,88
5) $f'(2,6)$ von $f(x)=-8x^{-2}$ ist: 0,91
6) $f'(2,8)$ von $f(x)=-7x^{-2}$ ist: 0,64
7) $f'(15,9)$ von $f(x)=\sqrt{x}$ ist: 0,13
8) $f'(16,1)$ von $f(x)=\sqrt{x}$ ist: 0,12
9) $f'(2,2)$ von $f(x)=\sqrt{\sqrt{x}}$ ist: 0,14
10) $f'(10,4)$ von $f(x)=\sqrt{\sqrt{x}}$ ist: 0,04
11) $f'(8,3)$ von $f(x)=x^{\frac{6}{4}}$ ist: 4,32
12) $f'(4,8)$ von $f(x)=x^{\frac{5}{4}}$ ist: 1,85
13) $f'(1,3)$ von $f(x)=\sqrt[5]{x}$ ist: 0,16
14) $f'(1,3)$ von $f(x)=\sqrt[3]{x}$ ist: 0,28
15) $f'(3,5)$ von $f(x)=e^{x}$ ist: 33,12
16) $f'(2,6)$ von $f(x)=e^{x}$ ist: 13,46
17) $f'(0,3)$ von $f(x)=e^{-3x}$ ist: –1,22
18) $f'(-1)$ von $f(x)=e^{-4x}$ ist: –218,39
19) $f'(6,1)$ von $f(x)=8x^3$ ist: 893,04
20) $f'(5,2)$ von $f(x)=6x^3$ ist: 486,72
21) $f'(-5,6)$ von $f(x)=-6x^4$ ist: 4214,78
22) $f'(-8,7)$ von $f(x)=-2x^2$ ist: 34,8
23) $f'(0,9)$ von $f(x)=x^{-4}$ ist: –6,77

24) $f'(1,3)$ von $f(x) = x^{-2}$ ist: –0,91
25) $f'(1,2)$ von $f(x) = -21x^{-2}$ ist: 24,31
26) $f'(1)$ von $f(x) = -20x^{-3}$ ist: 60
27) $f'(2,3)$ von $f(x) = ln(x)$ ist: 0,43
28) $f'(4,8)$ von $f(x) = ln(x)$ ist: 0,21
29) $f'(-9,1)$ von $f(x) = ln(-x)$ ist: –0,11
30) $f'(-2,8)$ von $f(x) = ln(-x)$ ist: –0,36
31) $f'(156,7)$ von $f(x) = 898x + 301$ ist: 898
32) $f'(112,7)$ von $f(x) = 870x + 34$ ist: 870
33) $f'(14,1)$ von $f(x) = -13x - 15$ ist: –13
34) $f'(16,9)$ von $f(x) = -14x - 12$ ist: –14
35) $f'(6,1)$ von $f(x) = ln(5x)$ ist: 0,16
36) $f'(2,9)$ von $f(x) = ln(2x)$ ist: 0,34

Lösungen zu: Aufgabenniveau 2

1) $f'(1,8)$ von $f(x) = ln(1 + e^{3x})$ ist: 2,99
2) $f'(1,3)$ von $f(x) = ln(3 + e^{4x})$ ist: 3,93
3) $f'(2,2)$ von $f(x) = 4x^3 + 5x^e$ ist: 110,76
4) $f'(4,4)$ von $f(x) = 4x^3 + 3x^e$ ist: 336,32
5) $f'(0,1)$ von $f(x) = x^3 \cdot e^x$ ist: 0,03
6) $f'(-1)$ von $f(x) = x^2 \cdot e^x$ ist: –0,37
7) $f'(1,3)$ von $f(x) = ln(\sqrt{5x^3})$ ist: 1,15
8) $f'(0,6)$ von $f(x) = ln(\sqrt{6x^3})$ ist: 2,5
9) $f'(0,5)$ von $f(x) = 3e^{4x}$ ist: 88,67
10) $f'(0,8)$ von $f(x) = 5e^{3x}$ ist: 165,35
11) $f'(1,6)$ von $f(x) = (x^3)^2$ ist: 62,91
12) $f'(1,3)$ von $f(x) = (x^2)^2$ ist: 8,79
13) $f'(0,3)$ von $f(x) = \frac{13}{x+5}$ ist: –0,46
14) $f'(1,8)$ von $f(x) = \frac{9}{x+2}$ ist: –0,62
15) $f'(1,8)$ von $f(x) = x^3 \cdot ln(4 + x)$ ist: 18,09
16) $f'(0,8)$ von $f(x) = x^3 \cdot ln(1 + x)$ ist: 1,41
17) $f'(0,7)$ von $f(x) = ln(3x + 9)$ ist: 0,27
18) $f'(0,6)$ von $f(x) = ln(4x + 5)$ ist: 0,54
19) $f'(4,6)$ von $f(x) = \frac{3}{(x-1)^3}$ ist: –0,05
20) $f'(4,6)$ von $f(x) = \frac{2}{(x-3)^2}$ ist: –0,98

21) $f'(0,6)$ von $f(x)=(e^x)^2$ ist: 6,64
22) $f'(0,5)$ von $f(x)=(e^x)^3$ ist: 13,45
23) $f'(0,2)$ von $f(x)=ln(\sqrt{x})$ ist: 2,5
24) $f'(0,7)$ von $f(x)=ln(\sqrt{x})$ ist: 0,71
25) $f'(2,4)$ von $f(x)=\frac{2}{x}+x^{-\frac{2}{8}}$ ist: –0,43
26) $f'(2)$ von $f(x)=\frac{5}{x}+x^{-\frac{3}{8}}$ ist: –1,39
27) $f'(6,6)$ von $f(x)=x\cdot ln(x)$ ist: 2,89
28) $f'(2,2)$ von $f(x)=x\cdot ln(x)$ ist: 1,79
29) $f'(1,4)$ von $f(x)=x^3+e^x$ ist: 9,94
30) $f'(-1,4)$ von $f(x)=x^3+e^x$ ist: 6,13
31) $f'(2)$ von $f(x)=\sqrt{x^2}$ ist: 1
32) $f'(4)$ von $f(x)=\sqrt{x^2}$ ist: 1

Lösungen zu: Aufgabenniveau 3

1) $f'(-0,8)$ von $f(x)=e^{x+2}\cdot ln(4+x^3)$ ist: 5,98
2) $f'(-0,5)$ von $f(x)=e^{x+3}\cdot ln(4+x^3)$ ist: 18,86
3) $f'(-0,3)$ von $f(x)=e^{x+2}\cdot ln(3+x^2)$ ist: 5,11
4) $f'(0,8)$ von $f(x)=ln(3+e^{x^3+x+1})$ ist: 2,25
5) $f'(0)$ von $f(x)=ln(2+e^{x^2+x+2})$ ist: 0,79
6) $f'(-0,1)$ von $f(x)=ln(1+e^{x^2+x+3})$ ist: 0,76
7) $f'(4,5)$ von $f(x)=\sqrt{ln(e^x+4)}$ ist: 0,22
8) $f'(4)$ von $f(x)=\sqrt{ln(e^x+5)}$ ist: 0,23
9) $f'(2,7)$ von $f(x)=\sqrt{ln(e^x+2)}$ ist: 0,26
10) $f'(5)$ von $f(x)=(e^{\sqrt{x}})^2+ln(20)$ ist: 39,15
11) $f'(4,5)$ von $f(x)=(e^{\sqrt{x}})^2+ln(12)$ ist: 32,81
12) $f'(3,5)$ von $f(x)=(e^{\sqrt{x}})^2+ln(3)$ ist: 22,54

Lösungen zu: Aufgabenniveau 4

Hinweis: Bei den nachfolgenden Aufgaben wird bei allen Zwischenergebnissen auf zwei Nachkommastellen gerundet. Dadurch können sich im Endergebnis kleinere Rundungsdifferenzen ergeben.

1) $K(x,y) = 3{,}2x^2 + 3{,}7y^2$

Nebenbedingung $x + y = 61$

Lagrangefunktion bilden:

$L(x,y,\lambda) = 3{,}2x^2 + 3{,}7y^2 + \lambda \cdot (x + y - 61)$

$$\frac{\delta L}{\delta x} = 0 \Leftrightarrow 6{,}4x + \lambda = 0 \Rightarrow I$$

$$\frac{\delta L}{\delta y} = 0 \Leftrightarrow 7{,}4y + \lambda = 0 \Rightarrow II$$

$$\frac{\delta L}{\delta \lambda} = 0 \Leftrightarrow x + y - 61 = 0 \Rightarrow III$$

I und II nach λ umformen:

$I\colon 6{,}4x + \lambda = 0$

$\Leftrightarrow \lambda = -6{,}4x$

$II\colon 7{,}4y + \lambda = 0$

$\Leftrightarrow \lambda = -7{,}4y$

Gleichsetzen und nach einer Variablen umformen:

$-6{,}4x = -7{,}4y$

$$\Leftrightarrow x = \frac{7{,}4y}{6{,}4}$$

$\Leftrightarrow x = 1{,}16y$

x in Nebenbedingung einsetzen:

$1{,}16y + y = 61$

$\Leftrightarrow 2{,}16y = 61$

$\Leftrightarrow \mathbf{y = 28{,}24}$

y in x einsetzen:

$x = 1{,}16 \cdot 28{,}24$

$\Leftrightarrow \mathbf{x = 32{,}76}$

2) $K(x,y) = 1{,}3x^2 + 2{,}7y^2$

Nebenbedingung $x + y = 125$

Lagrangefunktion bilden:

$L(x,y,\lambda) = 1{,}3x^2 + 2{,}7y^2 + \lambda \cdot (x + y - 125)$

$$\frac{\delta L}{\delta x} = 0 \Leftrightarrow 2{,}6x + \lambda = 0 \Rightarrow I$$

$$\frac{\delta L}{\delta y} = 0 \Leftrightarrow 5{,}4y + \lambda = 0 \Rightarrow II$$

$$\frac{\delta L}{\delta \lambda} = 0 \Leftrightarrow x + y - 125 = 0 \Rightarrow III$$

I und II nach λ umformen:

I: $2{,}6x + \lambda = 0$

$\Leftrightarrow \lambda = -2{,}6x$

II: $5{,}4y + \lambda = 0$

$\Leftrightarrow \lambda = -5{,}4y$

Gleichsetzen und nach einer Variablen umformen:

$-2{,}6x = -5{,}4y$

$$\Leftrightarrow x = \frac{5{,}4y}{2{,}6}$$

$\Leftrightarrow x = 2{,}08y$

x in Nebenbedingung einsetzen:

$2{,}08y + y = 125$

$\Leftrightarrow 3{,}08y = 125$

$\Leftrightarrow \mathbf{y = 40{,}58}$

y in x einsetzen:

$x = 2{,}08 \cdot 40{,}58$

$\Leftrightarrow \mathbf{x = 84{,}41}$

3) $K(x,y) = 2{,}8x^2 + 3{,}3y^2$

Nebenbedingung $x + y = 73$

Lagrangefunktion bilden:

$L(x,y,\lambda) = 2{,}8x^2 + 3{,}3y^2 + \lambda \cdot (x + y - 73)$

$$\frac{\delta L}{\delta x} = 0 \Leftrightarrow 5{,}6x + \lambda = 0 \Rightarrow I$$

$$\frac{\delta L}{\delta y} = 0 \Leftrightarrow 6{,}6y + \lambda = 0 \Rightarrow II$$

$$\frac{\delta L}{\delta \lambda} = 0 \Leftrightarrow x + y - 73 = 0 \Rightarrow III$$

I und II nach λ umformen:

$I\colon 5{,}6x + \lambda = 0$

$\Leftrightarrow \lambda = -5{,}6x$

$II\colon 6{,}6y + \lambda = 0$

$\Leftrightarrow \lambda = -6{,}6y$

Gleichsetzen und nach einer Variablen umformen:

$-5{,}6x = -6{,}6y$

$$\Leftrightarrow x = \frac{6{,}6y}{5{,}6}$$

$\Leftrightarrow x = 1{,}18y$

x in Nebenbedingung einsetzen:

$1{,}18y + y = 73$

$\Leftrightarrow 2{,}18y = 73$

$\Leftrightarrow \boldsymbol{y = 33{,}49}$

y in x einsetzen:

$x = 1{,}18 \cdot 33{,}49$

$\Leftrightarrow \boldsymbol{x = 39{,}52}$

4) $G(x, y) = -0,4x^2 - 4,1y^2 + 20$

Nebenbedingung $x + y = 63$

Lagrangefunktion bilden:

$L(x, y, \lambda) = -0,4x^2 - 4,1y^2 + 20 + \lambda \cdot (x + y - 63)$

$\frac{\delta L}{\delta x} = 0 \Leftrightarrow -0,8x + \lambda = 0 \Rightarrow I$

$\frac{\delta L}{\delta y} = 0 \Leftrightarrow -8,2y + \lambda = 0 \Rightarrow II$

$\frac{\delta L}{\delta \lambda} = 0 \Leftrightarrow x + y - 63 = 0 \Rightarrow III$

I und II nach λ umformen:

$I{:}\ -0,8x + \lambda = 0$

$\Leftrightarrow \lambda = 0,8x$

$II{:}\ -8,2y + \lambda = 0$

$\Leftrightarrow \lambda = 8,2y$

Gleichsetzen und nach einer Variablen umformen:

$0,8x = 8,2y$

$\Leftrightarrow x = \frac{8,2y}{0,8}$

$\Leftrightarrow x = 10,25y$

x in Nebenbedingung einsetzen:

$10,25y + y = 63$

$\Leftrightarrow 11,25y = 63$

$\Leftrightarrow \mathbf{y = 5,6}$

y in x einsetzen:

$x = 10,25 \cdot 5,6$

$\Leftrightarrow \mathbf{x = 57,4}$

5) $G(x,y) = -0{,}5x^2 - 3{,}2y^2 + 20$

Nebenbedingung $x + y = 77$

Lagrangefunktion bilden:

$L(x,y,\lambda) = -0{,}5x^2 - 3{,}2y^2 + 20 + \lambda \cdot (x + y - 77)$

$$\frac{\delta L}{\delta x} = 0 \Leftrightarrow -x + \lambda = 0 \Rightarrow I$$

$$\frac{\delta L}{\delta y} = 0 \Leftrightarrow -6{,}4y + \lambda = 0 \Rightarrow II$$

I und II nach λ umformen:

$I: -x + \lambda = 0$

$\Leftrightarrow \lambda = x$

$II: -6{,}4y + \lambda = 0$

$\Leftrightarrow \lambda = 6{,}4y$

Gleichsetzen und nach einer Variablen umformen:

$x = 6{,}4y$

x in Nebenbedingung einsetzen:

$6{,}4y + y = 77$

$\Leftrightarrow 7{,}4y = 77$

$\Leftrightarrow \mathbf{y = 10{,}41}$

y in x einsetzen:

$x = 6{,}4 \cdot 10{,}41$

$\Leftrightarrow \mathbf{x = 66{,}62}$

6) $G(x,y) = -4{,}9x^2 - 1{,}6y^2 + 20$

Nebenbedingung $x + y = 38$

Lagrangefunktion bilden:

$L(x,y,\lambda) = -4{,}9x^2 - 1{,}6y^2 + 20 + \lambda \cdot (x + y - 38)$

$$\frac{\delta L}{\delta x} = 0 \Leftrightarrow -9{,}8 + \lambda = 0 \Rightarrow I$$

$$\frac{\delta L}{\delta y} = 0 \Leftrightarrow -3{,}2y + \lambda = 0 \Rightarrow II$$

I und II nach λ umformen:

$I: -9{,}8 + \lambda = 0$

$\Leftrightarrow \lambda = 9{,}8x$

$II: -3{,}2y + \lambda = 0$

$\Leftrightarrow \lambda = 3{,}2y$

Gleichsetzen und nach einer Variablen umformen:

$9{,}8x = 3{,}2y$

$$\Leftrightarrow x = \frac{9{,}8y}{3{,}2}$$

$\Leftrightarrow x = 3{,}06y$

x in Nebenbedingung einsetzen:

$3{,}06y + y = 38$

$\Leftrightarrow 4{,}06y = 38$

$\Leftrightarrow \mathbf{y = 9{,}36}$

y in x einsetzen:

$x = 3{,}06 \cdot 9{,}36$

$\Leftrightarrow \mathbf{x = 28{,}64}$

Für Ihre Notizen:

Lösung zu: Integrationsrechnung 10

Lösung zu: Aufgabenniveau 1

Die Lösung des Integrals der Funktion: ...

1) ... $f(x) = 6x - 22$, in den Grenzen von 0 bis 10 lautet: 80
2) ... $f(x) = 9x - 14$, in den Grenzen von 0 bis 8 lautet: 176
3) ... $f(x) = 8x - 23$, in den Grenzen von –2 bis 10 lautet: 108
4) ... $f(x) = 8x - 6$, in den Grenzen von 1 bis 6 lautet: 110
5) ... $f(x) = 7x + 11$, in den Grenzen von –3 bis 9 lautet: 384
6) ... $f(x) = 9x + 14$, in den Grenzen von 0 bis 4 lautet: 128
7) ... $f(x) = 3x + 25$, in den Grenzen von –3 bis 2 lautet: 117,5
8) ... $f(x) = 8x + 24$, in den Grenzen von 1 bis 3 lautet: 80
9) ... $f(x) = 2x^2 + 4x + 2$, in den Grenzen von –6 bis 1 lautet: 88,67
10) ... $f(x) = -5x^2 + 1x + 7$, in den Grenzen von –6 bis 4 lautet: –406,67
11) ... $f(x) = 0x^2 + 2x + 4$, in den Grenzen von –4 bis 4 lautet: 32
12) ... $f(x) = 7x^2 + 6x + 3$, in den Grenzen von –1 bis 10 lautet: 2665,67
13) ... $f(x) = -5x^2 + 1x + 1$, in den Grenzen von –2 bis 2 lautet: –22,67
14) ... $f(x) = -4x^2 + 3x + 6$, in den Grenzen von –1 bis 2 lautet: 10,5
15) ... $f(x) = 5x^2 + 5x + 6$, in den Grenzen von –4 bis 7 lautet: 826,83
16) ... $f(x) = -6x^2 + 9x + 5$, in den Grenzen von –2 bis 2 lautet: –12
17) ... $f(x) = 4x^2 - 6x + 10$, in den Grenzen von –3 bis 3 lautet: 132
18) ... $f(x) = 3x^2 - 6x + 4$, in den Grenzen von –7 bis 7 lautet: 742
19) ... $f(x) = -9x^2 - 1x + 5$, in den Grenzen von –4 bis 7 lautet: –1182,5
20) ... $f(x) = -6x^2 - 5x + 6$, in den Grenzen von –2 bis 10 lautet: –2184

Lösung zu: Aufgabenniveau 2

Die Lösung des Integrals der Funktion: ...

1) ... $f(x) = 8^x - 10$, in den Grenzen von 1 bis 4 lautet:1935,91
2) ... $f(x) = 3^x - 4$, in den Grenzen von 2 bis 3 lautet: 12,38
3) ... $f(x) = 2e^x - 5$, in den Grenzen von –6 bis 7 lautet: 2128,26
4) ... $f(x) = -7e^x - 10$, in den Grenzen von –3 bis 5 lautet: –1118,54
5) ... $f(x) = -2e^x + 8$, in den Grenzen von –6 bis 8 lautet: –5849,91
6) ... $f(x) = 6e^x + 1$, in den Grenzen von –9 bis 3 lautet: 132,51
7) ... $f(x) = \frac{4}{x} - 10$, in den Grenzen von 5 bis 12 lautet: –66,5
8) ... $f(x) = \frac{-8}{x} - 2$, in den Grenzen von 4 bis 9 lautet: –16,49
9) ... $f(x) = \frac{-8}{x} + 7$, in den Grenzen von 4 bis 12 lautet: 47,21
10) ... $f(x) = \frac{1}{x} + 3$, in den Grenzen von 1 bis 7 lautet: 19,95
11) ... $f(x) = \frac{-6}{x^2} - 1$, in den Grenzen von 1 bis 10 lautet: –14,4
12) ... $f(x) = \frac{-5}{x^2} - 10$, in den Grenzen von 4 bis 8 lautet: –40,63
13) ... $f(x) = \frac{2}{x^2} + 8$, in den Grenzen von 3 bis 10 lautet: 56,47
14) ... $f(x) = \frac{3}{x^2} + 1$, in den Grenzen von 2 bis 6 lautet: 5
15) ... $f(x) = 6x^3 + 10x^2 + 5x + 10$, in den Grenzen von –3 bis 10 lautet: 18659,33
16) ... $f(x) = 3x^3 + 9x^2 + 7x + 4$, in den Grenzen von –2 bis 7 lautet: 3035,25
17) ... $f(x) = x^3 - 10x^2 + 8x + 3$, in den Grenzen von –3 bis 4 lautet: –210,58
18) ... $f(x) = -9x^3 - 3x^2 + 5x + 4$, in den Grenzen von –5 bis 10 lautet: –21971,25
19) ... $f(x) = 9x^3 - 5x^2 - 2x + 4$, in den Grenzen von –5 bis 5 lautet: –376,67
20) ... $f(x) = -4x^3 - 8x^2 - 3x + 10$, in den Grenzen von –5 bis 10 lautet: –12337,5
21) ... $f(x) = 5x^3 - 2x^2 - 5x - 7$, in den Grenzen von –7 bis 3 lautet: –3116,67
22) ... $f(x) = 9x^3 - 4x^2 - 10x - 4$, in den Grenzen von –6 bis 4 lautet: –2653,33
23) ... $f(x) = -6x^3 + 5x^2 - 4x + 7$, in den Grenzen von –9 bis 1 lautet: 11286,67
24) ... $f(x) = 10x^3 + 10x^2 - 2x + 1$, in den Grenzen von –7 bis 10 lautet: 23440,17

25) ... $f(x) = -1x^3 + 9x^2 - 8x - 10$, in den Grenzen von –9 bis 7 lautet: 4224

26) ... $f(x) = 5x^3 + 4x^2 - 5x - 6$, in den Grenzen von –7 bis 2 lautet: –2454,75

27) ... $f(x) = 8x^3 - 5x^2 + 3x - 9$, in den Grenzen von –2 bis 9 lautet: 11878,17

28) ... $f(x) = -7x^3 - 2x^2 + 5x - 1$, in den Grenzen von –7 bis 2 lautet: 3818,25

29) ... $f(x) = 10 \cdot ln(x) - 10$, in den Grenzen von 6 bis 8 lautet: 18,85

30) ... $f(x) = 2 \cdot ln(x) - 7$, in den Grenzen von 2 bis 13 lautet: –35,08

31) ... $f(x) = -1 \cdot ln(x) + 6$, in den Grenzen von 3 bis 8 lautet: 21,66

32) ... $f(x) = -2 \cdot ln(x) + 10$, in den Grenzen von 3 bis 10 lautet: 44,54

33) ... $f(x) = -2\sqrt{x} - 6$, in den Grenzen von 5 bis 13 lautet: –95,59

34) ... $f(x) = 6\sqrt{x} - 2$, in den Grenzen von 1 bis 12 lautet: 140,28

35) ... $f(x) = 3\sqrt{x} + 6$, in den Grenzen von 1 bis 8 lautet: 85,25

36) ... $f(x) = -5\sqrt{x} + 9$, in den Grenzen von 2 bis 9 lautet: –17,57

37) ... $f(x) = -9x^4 + 4x^3 + 9x^2 + 3x + 7$, in den Grenzen von –8 bis 7 lautet: –88282,5

38) ... $f(x) = 7x^4 + 1x^3 + 7x^2 + 3x + 1$, in den Grenzen von –6 bis 7 lautet: 36029,28

39) ... $f(x) = 5x^4 - 5x^3 - 1x^2 - 2x - 4$, in den Grenzen von –1 bis 5 lautet: 2256

40) ... $f(x) = 8x^4 - 2x^3 - 4x^2 - 9x - 10$, in den Grenzen von –2 bis 5 lautet: 4404,87

41) ... $f(x) = -6x^4 - 2x^3 - 7x^2 + 6x + 8$, in den Grenzen von –2 bis 1 lautet: –38,1

42) ... $f(x) = 3x^4 - 4x^3 - 5x^2 + 9x + 1$, in den Grenzen von –2 bis 2 lautet: 15,73

43) ... $f(x) = -3x^4 + 2x^3 + 8x^2 - 2x - 4$, in den Grenzen von –4 bis 2 lautet: –573,6

44) ... $f(x) = -10x^4 + 2x^3 + 5x^2 - 10x - 3$, in den Grenzen von –4 bis 3 lautet: –2455,83

45) ... $f(x) = x^4 - 8x^3 + 3x^2 - 2x + 8$, in den Grenzen von –4 bis 6 lautet: 20

46) ... $f(x) = -4x^4 - 4x^3 + 3x^2 - 6x + 7$, in den Grenzen von –4 bis 2 lautet: –454,8

47) ... $f(x) = 10x^4 + 8x^3 - 5x^2 + 7x + 4$, in den Grenzen von –2 bis 3 lautet: 659,17

48) ... $f(x) = -10x^4 + 4x^3 - 6x^2 + 3x + 8$, in den Grenzen von –3 bis 1 lautet: –604

49) ... $f(x) = -7x^4 - 4x^3 + 3x^2 + 10x - 2$, in den Grenzen von –4 bis 2 lautet: –1238,4

50) ... $f(x) = 8x^4 - 7x^3 + 3x^2 + 2x - 1$, in den Grenzen von –6 bis 5 lautet: 18934,85

Lösung zu: Aufgabenniveau 3

Die Fläche, die von der Funktion ...

1) ... $f(x) = 2x + 4{,}4$ und der x-Achse in den Grenzen von –4,6 bis 2,7 eingeschlossen wird, ist: 29,77

2) ... $f(x) = 2x + 2{,}9$ und der x-Achse in den Grenzen von –3,5 bis 0,8 eingeschlossen wird, ist: 9,27

3) ... $f(x) = 2x + 4{,}1$ und der x-Achse in den Grenzen von –4,2 bis 2,7 eingeschlossen wird, ist: 27,19

4) ... $f(x) = 2x + 3{,}5$ und der x-Achse in den Grenzen von –3,6 bis 2 eingeschlossen wird, ist: 17,49

5) ... $f(x) = -2x + 3{,}1$ und der x-Achse in den Grenzen von –0,4 bis 5,6 eingeschlossen wird, ist: 20,21

6) ... $f(x) = 2x + 2{,}1$ und der x-Achse in den Grenzen von –2 bis 5,7 eingeschlossen wird, ist: 46,47

7) ... $f(x) = -2x + 5{,}2$ und der x-Achse in den Grenzen von 0 bis 4,2 eingeschlossen wird, ist: 9,32

8) ... $f(x) = -2x + 3$ und der x-Achse in den Grenzen von –1,7 bis 4,9 eingeschlossen wird, ist: 21,8

Lösung zu: Aufgabenniveau 4

Die Fläche, die von der Funktion ...

1) ... $f(x) = (x + 5)^2 - 4$ und der x-Achse in den Grenzen von –4 bis 0 eingeschlossen wird, ist: 28,67

2) ... $f(x) = (x + 3)^2 - 4$ und der x-Achse in den Grenzen von –4 bis 0 eingeschlossen wird, ist: 11,33

3) ... $f(x) = (x + 5)^2 - 4$ und der x-Achse in den Grenzen von –4 bis 1 eingeschlossen wird, ist: 55

4) ... $f(x) = (x + 3)^2 - 4$ und der x-Achse in den Grenzen von –4 bis 1 eingeschlossen wird, ist: 19,67

5) ... $f(x) = (x+4,1)^2 - 5,4$ und der x-Achse in den Grenzen von –4,2 bis 1,5 eingeschlossen wird, ist: 45,57

6) ... $f(x) = (x+4,7)^2 - 4,9$ und der x-Achse in den Grenzen von –3,8 bis 0,3 eingeschlossen wird, ist: 27,46

7) ... $f(x) = (x+4,6)^2 - 4,5$ und der x-Achse in den Grenzen von –4,2 bis 1,3 eingeschlossen wird, ist: 52,86

8) ... $f(x) = (x+3,8)^2 - 4,6$ und der x-Achse in den Grenzen von –5,2 bis 0,5 eingeschlossen wird, ist: 25,4

Für Ihre Notizen:

Lösung zu: Lineare Gleichungssysteme und lineare Programmierung

11

Lösung zu: Aufgabenniveau 1

1) Die Lösungen der Gleichungssysteme lauten:

a)	$a = 10$	$b = -1$	$c = 11$
b)	$m = -6,5$	$n = -8$	$p = 6$
c)	$x = 11$	$y = 7$	$z = -5$
d)	$a = 19$	$b = -13$	$c = 15$

2) Die Lösungen der Gleichungssysteme lauten:

a)	$x = -2$	$y = 18$	$z = -4$
b)	$a = 18$	$b = 4$	$c = 18$
c)	$m = 13$	$n = -14$	$p = 19$
d)	$x = -5$	$y = -11$	$z = -\frac{11}{2}$
e)	$m = 11$	$n = 18$	$p = 5$
f)	$a = -\frac{21}{2}$	$b = 3$	$c = \frac{11}{2}$
g)	$x = -4$	$y = -6$	$z = -17$
h)	$x = -11$	$y = -19$	$z = -14$
i)	$a = -9$	$b = -\frac{7}{2}$	$c = -11$

Lösung zu: Aufgabenniveau 2

1) Die Lösungen der Gleichungssysteme lauten:

a)	$m = -8$	$n = -12,5$	$p = -8$	$q = -8$
b)	$m = 3$	$n = -9$	$p = -9$	$q = -10$
c)	$b = -10$	$d = 2$	$h = 1,5$	$w = 5$
d)	$a = 7$	$b = -13$	$c = 10$	$d = -20$
e)	$a = 10$	$b = 12$	$c = 8$	$d = 13$

f)	$o=5$	$r=-6$	$t=10$	$u=13{,}5$
g)	$m=-11$	$n=5{,}5$	$p=5{,}5$	$q=15$
h)	$m=18$	$n=-13{,}5$	$p=8$	$q=1$
i)	$w=-10$	$x=14$	$y=-14$	$z=-4$
j)	$m=-10$	$n=-4$	$p=-8$	$q=-7$

2) Die Lösungen der Gleichungssysteme lauten:

a)	$m=3$	$n=-13$	$p=-11$	$q=-18$
b)	$a=\frac{31}{2}$	$b=-19$	$c=3$	$d=-\frac{37}{2}$
c)	$s=-16$	$u=12$	$v=10$	$z=-1$
d)	$w=\frac{25}{2}$	$x=-12$	$y=-14$	$z=-3$
e)	$m=\frac{31}{2}$	$n=-16$	$p=\frac{23}{2}$	$q=4$
f)	$a=\frac{35}{2}$	$f=13$	$g=-\frac{29}{2}$	$j=-4$
g)	$a=10$	$b=-15$	$c=-3$	$d=-5$
h)	$a=\frac{17}{2}$	$t=-\frac{27}{2}$	$x=0$	$y=\frac{35}{2}$
i)	$a=-2$	$b=\frac{35}{2}$	$c=18$	$d=-18$
j)	$w=-\frac{5}{2}$	$x=-14$	$y=19$	$z=\frac{35}{2}$
k)	$w=13$	$x=-10$	$y=14$	$z=\frac{3}{2}$

Lösung zu: Aufgabenniveau 3

Die Lösungen der Gleichungssysteme lauten:

1)	$a=-12$	$b=-20$	$c=18$
2)	$a=-4$	$b=-1$	$c=-14\frac{1}{2}$
3)	$a=-10\frac{1}{2}$	$b=14$	$c=7$
4)	$a=3$	$b=20$	$c=0$
5)	$a=-16$	$b=19$	$c=4$
6)	$a=-17$	$b=13$	$c=2$
7)	$a=-8$	$b=13$	$c=5$
8)	$a=12$	$b=-8$	$c=-19$
9)	$a=15$	$b=-9$	$c=5\frac{1}{2}$
10)	$a=20$	$b=11$	$c=-5$

Lösung zu: Aufgabenniveau 4

Die Lösungen der Gleichungssysteme lauten:

1)	$a = 19$	$b = 5$	$c = -2$	$d = -10$
2)	$a = -19$	$b = 17$	$c = 18$	$d = 12\frac{1}{2}$
3)	$a = -2\frac{1}{2}$	$b = 15\frac{1}{2}$	$c = 15\frac{1}{2}$	$d = -14$
4)	$a = 11$	$b = -12$	$c = 13$	$d = 4$
5)	$a = -18$	$b = 10$	$c = 5$	$d = -4$
6)	$a = -9\frac{1}{2}$	$b = -17$	$c = 11\frac{1}{2}$	$d = -7$
7)	$a = 18$	$b = -6\frac{1}{2}$	$c = 20$	$d = -6$
8)	$a = 15$	$b = -3\frac{1}{2}$	$c = -11$	$d = 1$
9)	$a = -10$	$b = -18$	$c = -10$	$d = 5$
10)	$a = 16$	$b = \frac{1}{2}$	$c = -4$	$d = -12$

Lösung zu: Aufgabenniveau 5

1)

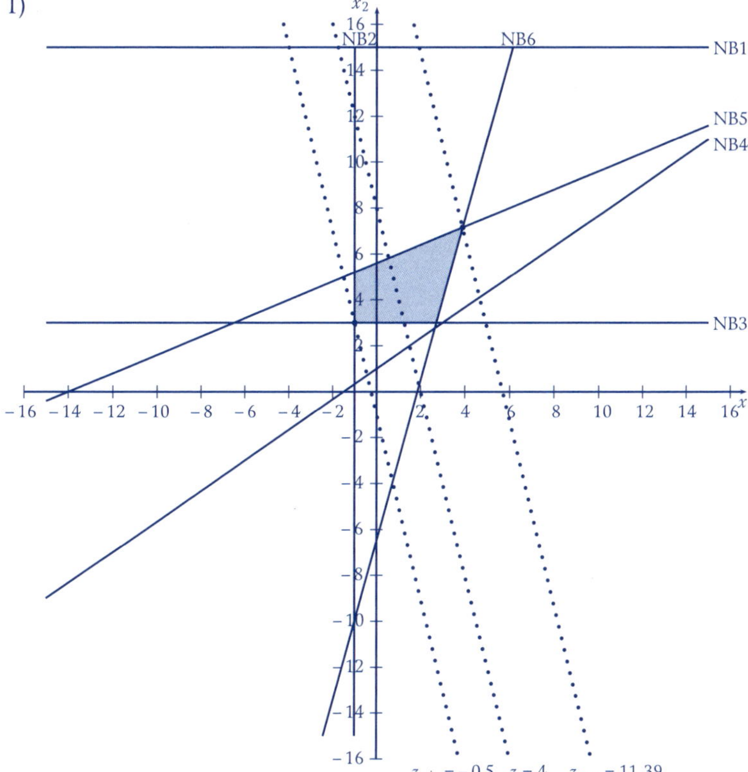

2)

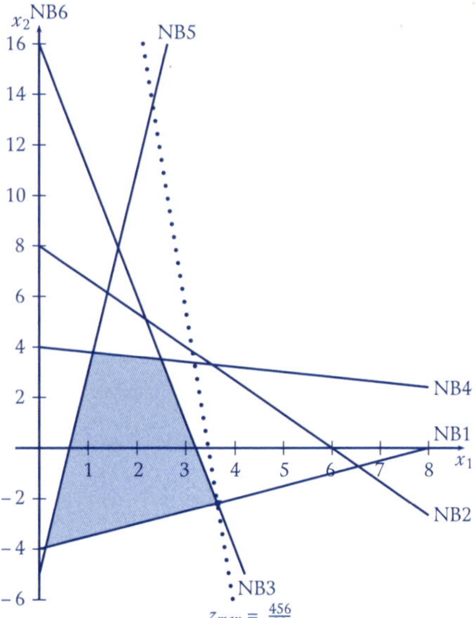
x_2
NB6
NB5
16
14
12
10
8
6
4
2
-2
-4
-6
1
2
3
4
5
6
7
8
x_1
NB4
NB1
NB2
NB3
$z_{max} = \frac{456}{11}$

3)

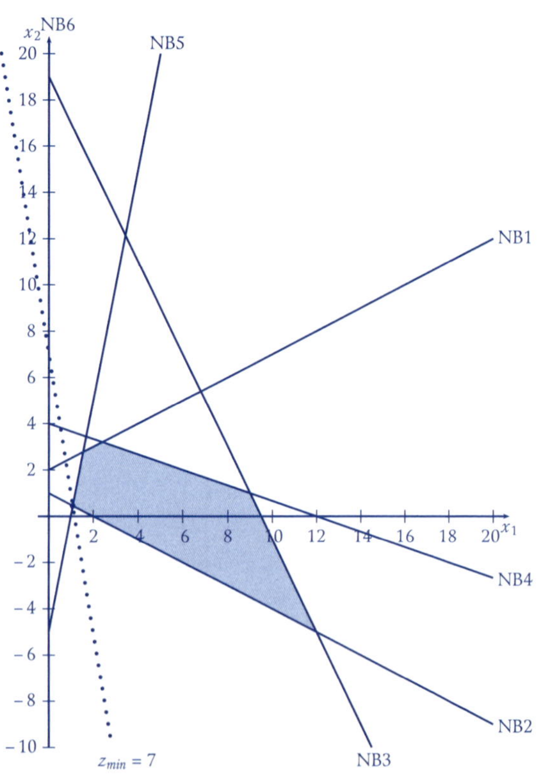
x_2
NB6
NB5
20
18
16
14
12
10
8
6
4
2
-2
-4
-6
-8
-10
2
4
6
8
10
12
14
16
18
20
x_1
NB1
NB4
NB2
NB3
$z_{min} = 7$

4)

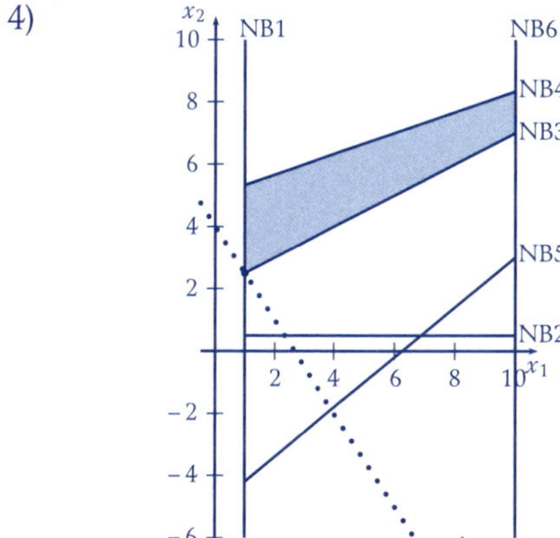
x_2
NB1
NB6
NB4
NB3
NB5
NB2
x_1
$z_{min} = 4$

5)

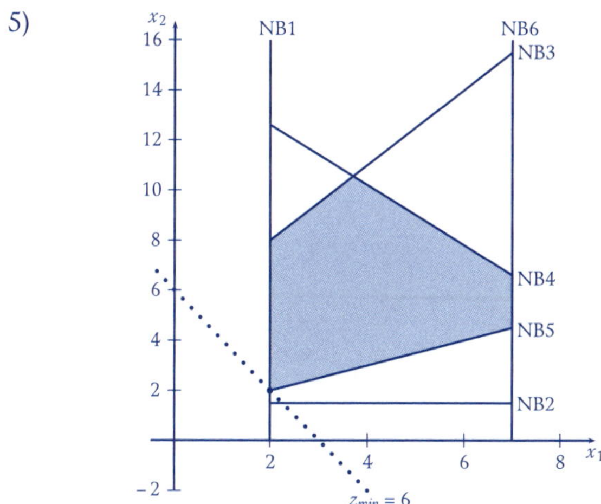
x_2
NB1
NB6
NB3
NB4
NB5
NB2
x_1
$z_{min} = 6$

Für Ihre Notizen:

12 Lösung zu: Musterklausur

Lösung zu: Aufgabe 1

$f'(6)$ von $f(x) = 4x^2 + 5x^e$ ist: 343,36

Lösung zu: Aufgabe 2

$f'(0,4)$ von $f(x) = 2e^{2x}$ ist: 8,90

Lösung zu: Aufgabe 3

$f'(3,9)$ von $f(x) = \sqrt{ln(e^x + 2)}$ ist: 0,24

Lösung zu: Aufgabe 4

22,71 Jahre

Lösung zu: Aufgabe 5

0,57 %

Lösung zu: Aufgabe 6

77,98 €

Lösung zu: Aufgabe 7

50,98 €

Lösung zu: Aufgabe 8

Die Lösung des Integrals der Funktion $f(x) = 5x + 15$ in den Grenzen von –3 bis 3 lautet: 90

Lösung zu: Aufgabe 9

Die Lösung des Integrals der Funktion $f(x) = -6x^2 - 5x + 10$ in den Grenzen von –6 bis 3 lautet: –328,50

Lösung zu: Aufgabe 10

Die Lösung des Integrals der Funktion $f(x) = -\frac{1}{x^2} + 9$ in den Grenzen von 3 bis 6 lautet: 26,83

Lösung zu: Aufgabe 11

Die Lösung des Integrals der Funktion $f(x) = -\frac{1}{x^2} + 9$ in den Grenzen von 1 bis 12 lautet: –49,05

Lösung zu: Aufgabe 12

Die Fläche, die von der Funktion $f(x) = (x+3)^2 - 4$ und der x-Achse in den Grenzen von –5 bis 1 eingeschlossen wird, ist: 21,33

Lösung zu: Aufgabe 13

Die Fläche, die von der Funktion $f(x) = (x+4{,}8)^2 - 5{,}9$ und der x-Achse in den Grenzen von –5,5 bis 1,4 eingeschlossen wird, ist: 65,99

Lösung zu: Aufgabe 14

Die Lösung des Gleichungssystems lautet:

$g = -3$ $k = 14$ $m = -11$

Lösung zu: Aufgabe 15

Die Lösung des Gleichungssystems lautet:

$b = 20$ $y = 14$ $z = \frac{1}{2}$

Lösung zu: Aufgabe 16

Die Lösung des Gleichungssystems lautet:

$a = 11$ $b = 17$ $c = 19$ $d = \frac{33}{2}$

Für Ihre Notizen:

Für Ihre Notizen:

Für Ihre Notizen: